westermann

TEAM LUPE ERMITTELT

Spuk in der Bücherei

2

Erarbeitet von
Sarina Anjum, Borken
Anna-Katharina Lukas, Erlensee

Lesen
FÖRDERN

INHALT

Kapitel geschafft? Dann hake es in diesen Feldern ab.

Unser Fall: Spuk in der Bücherei

Gespenster um Mitternacht?

Lulu, Umut, Paul und Elsa sind aufgeregt.
Heute ist Lesenacht in der Bücherei. Lulus Papa ist auch dabei.
Frau Lessing liest im großen Lesesaal eine Detektivgeschichte vor.
Als es gerade besonders spannend ist, meldet sich Felix.
„Hier in der Bücherei soll es ein Gespenst geben.
Das spukt um Mitternacht! Ist das wirklich wahr?"
Frau Lessing lächelt und antwortet:
„Davon habe ich noch nichts gehört.
Ihr könnt ganz beruhigt sein."
Plötzlich fallen drei Bücher aus dem Regal.
Elsa flüstert Paul zu. „Vielleicht spukt es hier ja doch.
Super! Ein neuer Fall für TEAM LUPE!"

„Ein neuer Fall für TEAM LUPE!"
Finde die Hinweise und löse mit den Detektiven das Rätsel um den Spuk in der Bücherei.

Alle sind verschieden

Lulu, Umut und Paul wollen lesen.
Aber Elsa liest nicht gerne.
Sie ruft: „Lesen ist blöd!
Ich kann das nicht gut.“

Paul meint: „Das ist nicht schlimm.
Wir sind doch alle verschieden.
Und wir können alle etwas Anderes gut.“

Darüber denkt Elsa nach.
Paul hat recht.
Lulu kann schön malen.
Paul ist gut im Tischtennis.
Umut kann viele Lieder singen.
Und sie selbst?
Elsa kann gut schwimmen.

1 Was stimmt? Was stimmt nicht? Kreuze an.

	👍	👎
Lulu, Umut und Paul wollen lesen.	☐	☐
Lulu kann schön singen.	☐	☐
Paul ist gut im Tischtennis.	☐	☐

› Aussagen zum Text überprüfen

2 Was gehört zu welchem Kind?
Verbinde.

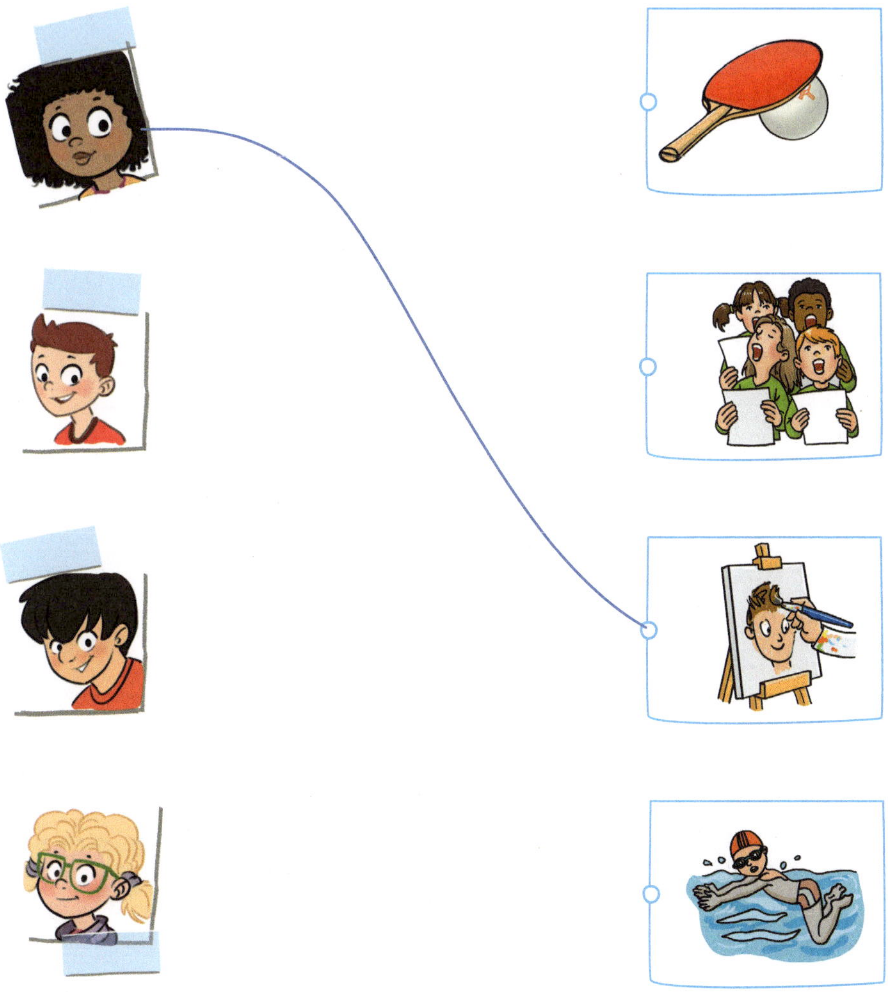

3 Welche Überschrift würde auch zum Text passen?
Kreuze an.

☐ Elsa liest nicht gerne ☐ Der Besuch im Zoo

› Text und Bilder aufeinander beziehen
› Überschriften beurteilen

Der Drachen-Stundenplan

Die Fächer Deutsch und Mathe kennt der kleine Drache nicht.
In der Drachenschule gibt es andere Fächer.

Stunde	Montag	Dienstag	Mittwoch	Donnerstag
1.	Gold zählen	Feinde anbrüllen	Fliegen üben	
2.	Krallen pflegen	Feinde anbrüllen	Fliegen üben	
3.	Feinde anbrüllen	Gold zählen	Gold zählen	
4.		Krallen pflegen	Krallen pflegen	

1 Beantworte die Fragen. Kreuze an.

Wie viele Stunden hat der kleine Drache am Dienstag?

☐ drei ☐ vier ☐ fünf

An welchem Tag hat der kleine Drache drei Stunden?

☐ am Montag ☐ am Dienstag ☐ am Mittwoch

Gebrauchstext: Tabelle

2 Welche Fächer zeigen die Bilder?
Verbinde und trage die Zahlen von 1 bis 4 ein.

Gold zählen 1

Krallen pflegen 2

Feinde anbrüllen 3

Fliegen üben 4

1 

3 Welche Aussage stimmt?
Male diese Sprechblase gelb an.

Am Mittwoch übe ich zu fliegen.

Am Montag übe ich zu fliegen.

› Tabelleninhalt und Bilder aufeinander beziehen
› einer Tabelle Informationen entnehmen
› Aussagen zum Tabelleninhalt überprüfen

Sprachspiel: Reimwörter und Gedicht

1 Immer 2 Wörter reimen sich. Verbinde die Reimwörter.

Fisch und Tisch sind Reimwörter.

Haus	Liebe
Diebe	Zwerg
Fisch	Maus
Berg	Tisch

2 Schreibe immer das passende Reimwort in die Lücke.

Schal	~~Mund~~	Riese	Liege

Ich sehe einen Hund
mit einem Hut im Mund.

Auf der grünen Wiese
läuft ein alter ______________.

Im Wasser schwimmt ein Wal,
der trägt nun einen ______________.

Darüber lacht die Ziege
und legt sich auf die ______________.

› den Fachbegriff Reimwörter kennen
› Reimwörter zuordnen

Sprachspiel: Reimwörter und Gedicht

Gedichte reimen sich oft. Die Teile werden Strophen genannt.

3 Unterstreiche die Reimwörter im Gedicht mit derselben Farbe.

Alles vertauscht

Das ist die erste Strophe. →

Die Suppe in den Keller,
die Wäsche auf den Teller,

die Münzen in die Tasse,
den Kaffee in die Kasse,

die Affen in den Raum,
die Möbel auf den Baum,

die Bücher in die Flasche,
das Wasser in die Tasche,

die Seife in die Pfanne,
das Würstchen in die Wanne.

4 Verbinde jede Strophe mit dem passenden Bild.

5 Welches Bild passt zur letzten Strophe?
Kreuze an.

☐ 

☐ 

- den Fachbegriff Strophe kennen
- Reimwörter erkennen
- die Kernaussage eines Gedichtes identifizieren

Detektivwissen überprüfen

Die besondere Farbe

Umut malt lila Blumen. Samu sieht das Bild und lacht: „Haha, du malst ja mit Lila.“ Da wird Umut traurig. Samu bemerkt das. Leise sagt er: „Tut mir leid, Umut.“

Papa sieht Umuts Bild und meint: „Lila ist eine tolle Farbe. Früher hatten nur reiche Menschen lila Kleidung an.“

Erstaunt schaut Samu zu Umut. Umut grinst Samu an. Samu grinst zurück.

1 Was stimmt? Was stimmt nicht? Kreuze an.

	👍	👎
Umut malt rote Rosen.	☐	☐
Nur reiche Menschen hatten lila Kleidung an.	☐	☐

2 Welches Bild passt zum Text? Kreuze an.

☐ 

☐ 

› Aussagen zu einem Text überprüfen
› Textinhalt und Bilder aufeinander beziehen
› den eigenen Lernstand einschätzen

Spurensicherung: Der 1. Hinweis!

Während Frau Lessing weiterliest, sieht Umut aus dem Fenster.
Draußen fängt es an zu regnen. Der Wind heult um das Haus.
Fensterläden klappern. Plötzlich kracht es.
Ein offenes Fenster ist zugeschlagen.
„Ganz schön unheimlich“, murmelt Umut.
Frau Lessing schließt das Fenster und beruhigt die Kinder:
„Keine Angst, es ist alles gut.
Wer möchte denn jetzt beim Detektiv-Rätsel mitmachen?
Als Preis gibt es ein Detektivbuch zu gewinnen.“
Lulu, Umut, Paul und Elsa melden sich sofort.
„Wir sind dabei“, sagt Lulu.
Die meisten anderen Kinder machen auch mit.
TEAM LUPE fängt an zu knobeln. Sie sind richtig schnell.

? Vergleiche die 4 Gegenstände mit dem Bild.
Welcher Gegenstand fehlt im großen Bild? Kreise ein.

☐ der Pinsel ☐ die Lupe

1a

1b

Die Teile eines Erzähltextes werden Absätze genannt. A, B und C stehen jeweils vor einem Absatz.

Das Versteck

A
Hanna und David wollen ein Versteck bauen.
Zuerst sammeln die beiden viele Stöcke.
Dann beginnen die Kinder mit dem Bau.
Es ist nicht leicht. Aber es macht Spaß!
Das Versteck sieht sehr gemütlich aus.

B
Als Nächstes suchen Hanna und David
ein paar Zweige.
Damit wollen sie das Versteck tarnen.

C
Am Ende sitzen die beiden
zufrieden in ihrem Versteck.
David flüstert:
„Das ist unser geheimer Ort.
Wir erzählen niemandem davon.
Schwörst du das?“
Hanna nickt und nimmt Davids Hand.
Sie flüstert: „Ich schwöre.“

1 Welche Wörter stehen im Text? Kreuze an.

- [x] Stöcke
- [ ] Rinde
- [ ] Versteck
- [ ] Baum
- [ ] Erde
- [ ] Zweige

› Einzelinformationen in einem Text finden
› den Fachbegriff Absatz kennen

2 Ordne die Überschriften den passenden Bildern zu. Verbinde.

Die Überschrift passt zum Textinhalt.

A Der Bau beginnt

B Die Tarnung

C Der Schwur

3 Welche Aussage stimmt? Male diese Sprechblase gelb an.

Ich baue mit David ein Boot.

Ich baue mit David ein Versteck.

Sachtext

Sachtexte informieren kurz und sachlich über verschiedene Themen.

1 Lies die Texte.
Verbinde mit den passenden Bildern.

____

Bei dieser Sportart
spielen zwei Personen gegeneinander.
Sie spielen an einer Platte.
Die Platte hat in der Mitte ein Netz.

____

Bei dieser Sportart
gibt es zwei Mannschaften.
In jeder Mannschaft spielen sechs Personen.
Sie spielen auf einem Spielfeld.
Das Spielfeld hat in der Mitte ein Netz.

____

Bei dieser Sportart
gibt es zwei Mannschaften.
In jeder Mannschaft spielen sieben Personen.
Davon ist eine Person im Tor.
Diese Sportart wird im Wasser gespielt.

› Text und Bilder aufeinander beziehen

Sachtext

2 Ordne die Überschriften den passenden Texten in Aufgabe 1 zu. Schreibe auf die Linien.

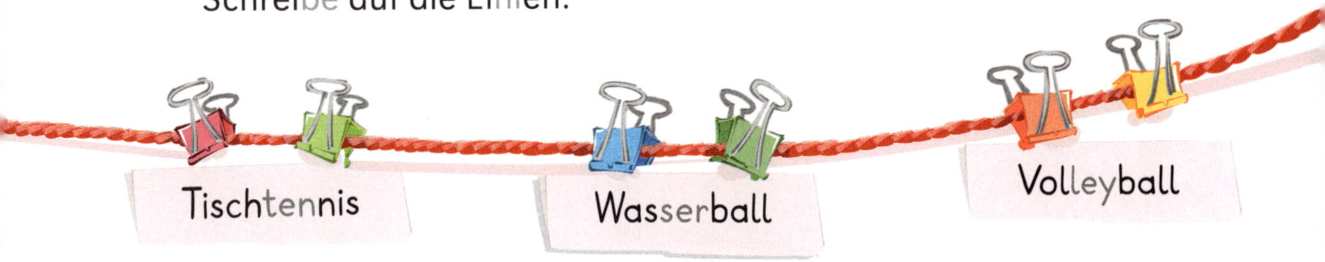

3 Beantworte die Fragen. Kreuze an.

Wie viele Personen spielen gegeneinander Tischtennis?

- ☐ zwei
- ☐ sechs
- ☐ acht

Worüber wird der Ball beim Volleyball geschlagen?

- ☐ über die Linie
- ☐ über die Platte
- ☐ über das Netz

Welche Sportart wird im Wasser gespielt?

- ☐ Volleyball
- ☐ Tischtennis
- ☐ Wasserball

Bei welcher Sportart gibt es eine Platte?

- ☐ beim Volleyball
- ☐ beim Tischtennis
- ☐ beim Wasserball

› zentrale Aussagen von Texten erfassen und Überschriften zuordnen
› Fragen zum Text beantworten

Knusper-Spinnen

Zutaten für 10 Knusper-Spinnen:

- 20 runde Cracker * 
- 20 Salzstangen 
- 50 g Frischkäse 
- 20 Rosinen 

*Cracker ist Englisch und bedeutet: Keks. Man spricht es so: Kräcker. Cracker sind nicht süß, sondern salzig.

So wird es gemacht:

1. Bestreiche einen Cracker mit Frischkäse.
2. Nimm 2 Salzstangen.
   Brich jede Salzstange in 4 kurze Stücke.
3. Drücke auf beiden Seiten 4 Salzstangen in den Frischkäse.
   Das sind die Beine.
4. Lege einen zweiten Cracker als Deckel auf den ersten.
5. Setze auf den oberen Cracker 2 kleine Tupfer Frischkäse.
   Das sind die Augen.
6. Lege in die Frischkäse-Tupfer jeweils eine Rosine.
   Das sind die Pupillen.

Fertig ist deine Knusper-Spinne!

› ein Rezept verstehend lesen

Gebrauchstext: Rezept

1 Im Rezept auf Seite 16 werden 3 Körperteile genannt. Unterstreiche sie.

2 Schreibe die passenden Körperteile an die Knusper-Spinne.

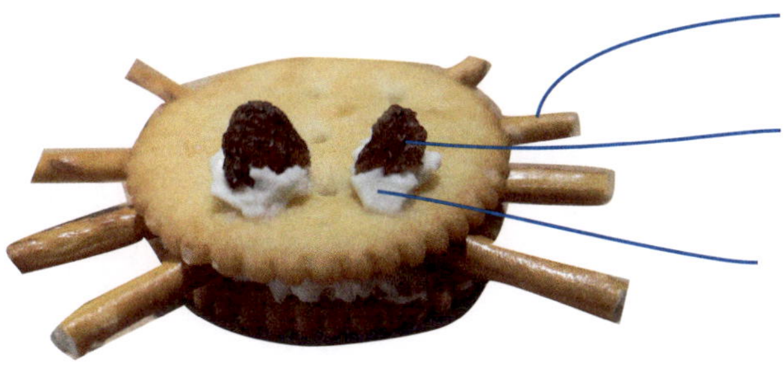

3 Welche Reihenfolge ist richtig? Trage die Zahlen von 1 bis 6 ein.

› Informationen im Text finden und markieren
› einem Text Informationen entnehmen
› Text und Bilder aufeinander beziehen

Sprachspiel: Abzählreime

1 Welcher Abzählreim gehört zu welchem Bild?
Verbinde.

Ritze und ratze,
Maus und Katze,
Katze und Maus
und du bist raus.

1

Ene, mene, miste,
es rappelt in der Kiste.
Ene, mene, meck
und du bist weg.

2

Eine kleine Haselmaus
zog sich mal die Hose aus,
zog sie wieder an
und du bist dran.

3

Eins, zwei, drei,
Butter mit Brei,
Salz mit Speck
und du bist weg.

4

Sprachspiel: Abzählreime

2 Welche Abzählreime sind gemeint?
Trage die passenden Zahlen von Seite 18 ein.

In meinem Abzählreim rappelt eine Kiste. (2)

In meinem Abzählreim kommen Speck und Butter vor. ( )

In meinem Abzählreim geht es um eine Maus und eine Katze. ( )

In meinem Abzählreim zieht sich eine Haselmaus an. ( )

3 Setze die passenden Reimwörter ein.

Hoppe, hoppe Reiter,
wenn er fällt, dann schreit er.
Fällt er in den Graben,
fressen ihn die ________.
Fällt er in den Sumpf,
macht der Reiter ________.

Raben
~~er~~
plumps

Detektivwissen überprüfen

Tolle Knolle

____

Aus Kartoffeln kann man viel machen:
Salzkartoffeln, Kartoffelbrei, Pommes, Knödel, Chips.

____

Es gibt etwa 200 verschiedene Kartoffelsorten.
Die Sorten haben unterschiedliche Namen:
zum Beispiel Linda, Gala oder Goldmarie.

____

Die Kartoffel ist eine Knolle.
Sie wächst unter der Erde.
Über der Erde wächst das Kraut.
Das Kraut hat weiße und lila Blüten.
Achtung! Das Kraut ist giftig.

1 Ordne die Überschriften den passenden Absätzen zu. Schreibe.

Lebensmittel — Aussehen — Kartoffelsorten

2 Beantworte die Fragen. Kreuze an.

Wie heißt eine Kartoffelsorte?

☐ Lulu ☐ Linda

Was ist eine Kartoffel?

☐ eine Knolle ☐ ein Obst

› zentrale Aussagen von Textabschnitten erfassen und Überschriften zuordnen
› Fragen zu einem Text beantworten
› den eigenen Lernstand einschätzen

Spurensicherung: Der 2. Hinweis!

TEAM LUPE hat tatsächlich den Detektiv-Wettbewerb gewonnen.
Stolz nimmt Elsa das Detektivbuch entgegen.
Dann erklärt Frau Lessing:
„Im zweiten Stock gibt es jetzt ein Bilderbuchkino."
Elias und ein paar andere Kinder gehen hinauf.
„Wir bleiben hier unten, oder?", fragt Umut die anderen.
„Sonst verpassen wir noch das Gespenst."
„Gespenster gibt es doch gar nicht!", behauptet Paul.
„Die kommen nur in Büchern vor."
„Woher willst du das wissen?", fragt Elsa.
„Ja, genau", stimmt Lulu zu.
Plötzlich gehen alle Lichter aus.
„Huch!", ruft Paul erschrocken.

? Lulu sucht in der Dunkelheit ihren Vater.
Welcher Schatten passt zu ihm? Kreise ein.

☐ Schatten 1 ☐ Schatten 2

2a 

2b 

Die Teile eines Erzähltextes werden Absätze genannt. Lies lange Texte Absatz für Absatz.

Flaschen-Angeln

A
Sülün und Lulu wollen ein Picknick machen.
Süluns Papa ist auch dabei.
Zusammen gehen sie auf den Spielplatz.

B
Da ruft Lulu:
„Igitt, was ist denn das?
Überall liegt Müll."
Süluns Papa schüttelt den Kopf:
„Da müssen wir etwas machen!
Ich hole eine Mülltüte."

C
Lulu nimmt einen Stock
und steckt ihn in eine leere Flasche.
Dann hebt Lulu die Flasche auf.
Sie ruft stolz:
„Ich habe eine Flasche geangelt."
Sülün probiert es auch aus.
Das macht Spaß!

D
Die Kinder angeln die Flaschen
mit Stöcken.
Süluns Papa hebt
den anderen Müll auf.
Am Ende ist der Spielplatz wieder sauber.
Das Picknick kann beginnen.

1 Welcher Absatz gehört zu welchem Bild?
Trage die Buchstaben A, B, C und D ein.

› den Fachbegriff Absatz kennen
› Textinhalt und Bilder aufeinander beziehen

2 Beantworte die Fragen. Kreuze an.

Wo wollen Lulu und Sülün ein Picknick machen?

- ☐ im Park
- ☐ auf dem Spielplatz
- ☐ im Zoo

Was liegt überall herum?

- ☐ Steine
- ☐ Blumen
- ☐ Müll

Was holt Sülüns Papa?

- ☐ Sülüns Papa holt einen Eimer.
- ☐ Sülüns Papa holt eine Mülltüte.
- ☐ Sülüns Papa holt eine Tasche.

Was benutzen die Kinder als Angel?

- ☐ Die Kinder benutzen Besen.
- ☐ Die Kinder benutzen Pfeile.
- ☐ Die Kinder benutzen Stöcke.

3 Was haben Lulu und Sülün geangelt? Kreuze an und male.

- ☐ Tüten
- ☐ Flaschen
- ☐ Becher

Das Okapi

Das Okapi lebt im Kongo. Der Kongo ist ein Land in Afrika. Das Tier lebt im Regenwald. Okapis wurden erst vor etwa 100 Jahren entdeckt.

Das Okapi hat Streifen an den Beinen. Sonst ist das Fell braun. Das Okapi hat eine lange Zunge. Damit reißt es Blätter von den Bäumen. Das Okapi frisst aber auch Gräser und Früchte.

Heute gibt es nur noch wenige Okapis. Die seltenen Tiere werden leider gejagt. Deshalb müssen Okapis geschützt werden.

1 Welches Bild zeigt ein Okapi? Kreuze an.

› Textinhalt und Bilder aufeinander beziehen

2 Beantworte die Fragen. Kreuze an.

In welchem Land lebt das Okapi?

☐ in Deutschland ☐ in Polen ☐ im Kongo

Wann wurde das Okapi entdeckt?

☐ vor etwa 8 Jahren
☐ vor etwa 100 Jahren
☐ vor etwa 2000 Jahren

Was frisst das Okapi?

☐ Blätter  ☐ Nüsse 

☐ Früchte  ☐ Gräser 

An welchem Körperteil hat das Okapi Streifen?

☐ an den Ohren ☐ an den Beinen ☐ an der Nase

3 Okapis müssen geschützt werden. Kreise das richtige Schild ein.

› Fragen zum Text beantworten
› Textinhalt und Bilder aufeinander beziehen

Gebrauchstext: Anleitung

Das Insektenhotel

Insekten sind wichtig für die Natur.
Viele Menschen haben deshalb ein
Insekten-Hotel im Garten.

Bauanleitung

Achtung!
Die Kanten der Dose und die Schere sind scharf!
Arbeite mit einem Erwachsenen zusammen.

1. Nimm eine Dose ohne Deckel.
   Mache die Dose gut sauber.

2. Nimm eine Gartenschere.
   Schneide damit Bambus-Stäbe zu.
   Die Stäbe sollen etwas länger
   als die Dose sein.

3. Stecke die Bambus-Stäbe in die Dose.
   Die Dose muss ganz voll sein.
   Die Stäbe sollen richtig festsitzen.

Du kannst die Dose auch anmalen.

4. Binde nun ein Band um die Dose.
   Hänge die Dose dann
   an einen Platz in der Sonne.
   Hier soll kein Regen hinkommen.

› eine Anleitung verstehend lesen

Gebrauchstext: Anleitung

1 Umut möchte ein Insekten-Hotel bauen.
Was braucht er dafür? Kreise ein.

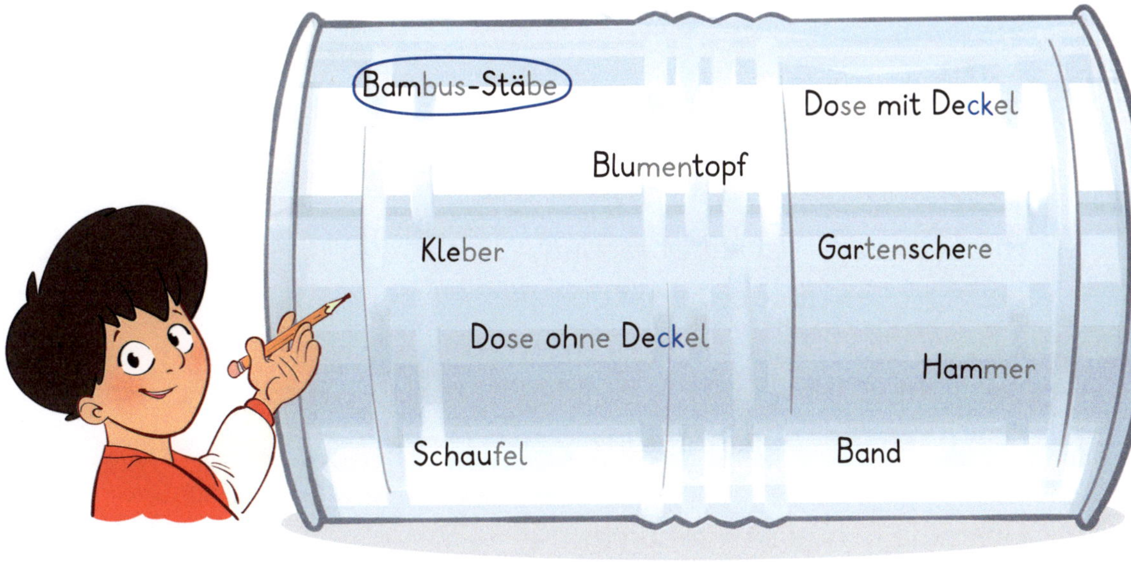

2 Was stimmt? Was stimmt nicht? Kreuze an.

	👍	👎
Die Dose soll sauber sein.	☐	☐
Die Dose muss einen Deckel haben.	☐	☐
Die Stäbe sollen etwas kürzer als die Dose sein.	☐	☐
Die Stäbe sollen richtig festsitzen.	☐	☐
Die Dose soll in der Sonne hängen.	☐	☐

› Einzelinformationen in einem Text finden
› Aussagen zum Text überprüfen

Sprachspiel: Gedicht

Die kleine Schnecke

Eine kleine rosa Schnecke
kriecht am Morgen durch die Hecke.

Sie will nach ganz oben kriechen,
um die frische Luft zu riechen.

Die Schnecke ist weit oben nun,
bekommt es mit der Angst zu tun.

Sie zieht sich in ihr Haus zurück,
rollt nach unten, bleibt ganz – zum Glück.

Doch die Schnecke gibt nicht auf,
kriecht gleich noch einmal hinauf.

1 Wodurch kriecht die kleine Schnecke? Kreuze an.

- ☐ Sie kriecht durch einen Zaun.
- ☐ Sie kriecht durch eine Hecke.

2 Wie endet das Gedicht? Kreuze an.

- ☐ Die kleine Schnecke kriecht gleich noch einmal hinauf.
- ☐ Die kleine Schnecke kriecht am Abend noch einmal hinauf.

3 Unterstreiche die Reimwörter im Gedicht.

› Fragen zum Text beantworten
› Reimwörter erkennen

Sprachspiel: Gedicht

Merkmale von Gedichten:
Es gibt Reimwörter.
Es gibt Strophen.

4 Welche Texte sind Gedichte?
Überprüfe die Merkmale. Kreuze an.

Der Hund
ist ganz bunt.

Die Kuh
macht „Muh“.

Das Schwein
ist ganz klein.

	👍	👎
Es gibt Reimwörter.	☐	☐
Es gibt Strophen.	☐	☐
Es ist ein Gedicht.	☐	☐

Im Winter machen
einige Tiere Winterschlaf.
Sie haben im Herbst
viel gefressen.
So können sie die lange Zeit
ohne Futter überstehen.

	👍	👎
Es gibt Reimwörter.	☐	☐
Es gibt Strophen.	☐	☐
Es ist ein Gedicht.	☐	☐

Ein kleiner brauner Hase
fiel manchmal auf die Nase.

Er machte sich nichts draus
und lief dann schnell nach Haus.

	👍	👎
Es gibt Reimwörter.	☐	☐
Es gibt Strophen.	☐	☐
Es ist ein Gedicht.	☐	☐

5 Unterstreiche die Reimwörter in den Gedichten.

› die Textsorte Gedicht kennen
› Merkmale eines Gedichtes erkennen
› Reimwörter erkennen

Detektivwissen überprüfen

Der Marienkäfer

Der Marienkäfer ist ein Insekt. Er hat sechs Beine. Am Kopf hat er zwei Fühler. Die Flügel sind meistens rot. Auf den Flügeln sind schwarze Punkte.

Viele Menschen glauben, die Punkte zeigen das Alter eines Marienkäfers. Das ist aber nicht richtig. Die Punkte zeigen nur, zu welcher Art ein Marienkäfer gehört.

1 Welches Bild zeigt einen Marienkäfer? Kreuze an.

☐  ☐  ☐ 

2 Beantworte die Fragen. Kreuze an.

Was für ein Tier ist der Marienkäfer?

☐ ein Insekt ☐ ein Säugetier ☐ ein Reptil

Was zeigen die Punkte auf den Flügeln?

☐ das Alter ☐ die Jahreszeit ☐ die Art

› Textinhalt und Bilder aufeinander beziehen
› Fragen zum Text beantworten
› den eigenen Lernstand einschätzen

Spurensicherung: Der 3. Hinweis!

Plötzlich gehen die Lichter wieder an.
„Da bist du ja, Papa!“, sagt Lulu erleichtert.
Alle sind noch ganz aufgeregt und reden durcheinander.
Frau Lessing ruft laut dazwischen:
„Es gab nur einen kurzen Stromausfall.
Jetzt ist wieder alles in Ordnung.“
Das Bilderbuchkino geht weiter.
Und wer möchte, kann mit Frau Lessing
Lesezeichen basteln.
TEAM LUPE sieht sich um.
„Fällt euch etwas auf?“, fragt Paul.
„Hat sich nach dem Stromausfall irgendwas verändert?“
„Ja“, flüstert Umut leise. „Seht doch nur!“

? Finde die Unterschiede im Nachher-Bild.
Wie viele sind es? Kreise sie ein.

vorher

nachher

☐ zwei Unterschiede

3a

☐ vier Unterschiede

3b

Erzähltext

Tamiras Wunsch

Heute ist Montag. Montags bekommt Tamira immer Taschengeld. Sie braucht es diesmal dringend.

Tamira spart seit Wochen ihr Taschengeld. Denn sie hat einen großen Wunsch. Tamira möchte sich eine Ritterburg kaufen.

Zu der Ritterburg gehören Pferde, Hühner und Schweine. Dort leben Ritter, eine Königin und ein König. Die Burg hat vier Türme und eine Brücke. Tamira hat nun genug Geld gespart. Heute Nachmittag wird sie mit Mama die Ritterburg kaufen.

1 Welche Tiere gehören zur Ritterburg? Kreise ein.

› einen Text verstehend lesen
› Einzelinformationen in einem Text finden

1 Der Krimi beginnt mit dieser Seite:

Unser Fall

Hier erfährst du, was passiert ist.

Ein neuer Fall für TEAM LUPE

Bevor es mit dem Fall weitergeht, kommt erst mal ein Übungskapitel.

2 Weiter geht es mit der

Spurensicherung

Du ermittelst gemeinsam mit TEAM LUPE.
Löse das Rätsel und finde den Hinweis.
Jetzt weißt du, welcher Sticker in die Fallakte gehört.

Klebe den richtigen Hinweis-Sticker vom Stickerbogen in die Fallakte.

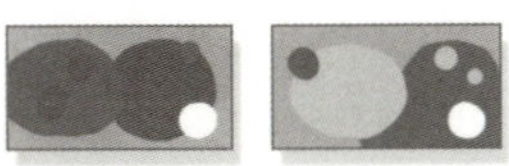

Bist du unsicher, welches der richtige Sticker ist? Du findest die Lösung auch immer versteckt auf der Seite.

Übe nun weiter.

2-mal blättern, dann geht es weiter.

Illustrationen: Michael Stapper

Meine Hinweis-Sticker für den Fall

1a

1b

2a

2b

3a

3b

4a

4b

5a

5b
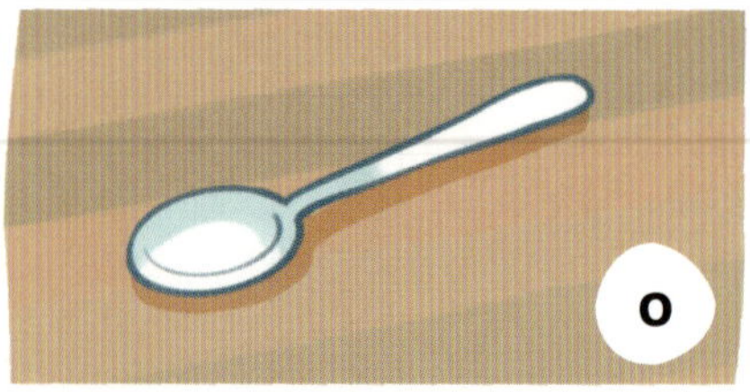

6a

6b
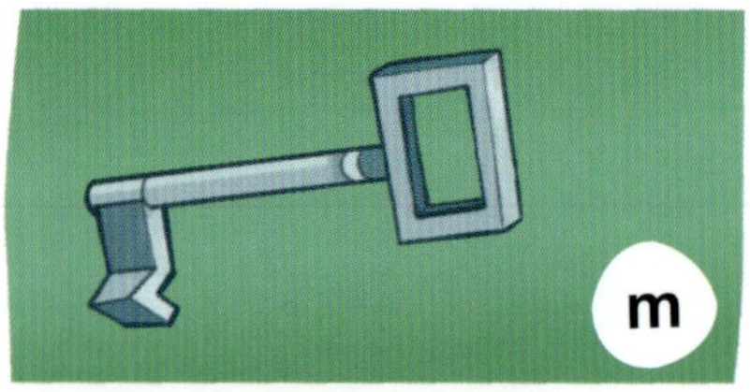

Illustrationen: Michael Stapper

westermann

TEAM LUPE ERMITTELT

Spuk in der Bücherei

LÖSUNGEN

(zum Heraustrennen die mittlere Klammer lösen)

2

Lösungen zu
ISBN 978-3-14-**141459**-2
Illustriert von Michael Stapper, Matthias Berghahn, Cesare Asaro, Zapf

Lesen
FÖRDERN

Alle sind verschieden

Lulu, Umut und Paul wollen lesen. Aber Elsa liest nicht gerne. Sie ruft: „Lesen ist blöd! Ich kann das nicht gut."

Paul meint: „Das ist nicht schlimm. Wir sind doch alle verschieden. Und wir können alle etwas Anderes gut."

Darüber denkt Elsa nach. Paul hat recht. Lulu kann schön malen. Paul ist gut im Tischtennis. Umut kann viele Lieder singen. Und sie selbst? Elsa kann gut schwimmen.

1 Was stimmt? Was stimmt nicht? Kreuze an.

	👍	👎
Lulu, Umut und Paul wollen lesen.	X	
Lulu kann schön singen.		X
Paul ist gut im Tischtennis.	X	

› Aussagen zum Text überprüfen

2 Was gehört zu welchem Kind? Verbinde.

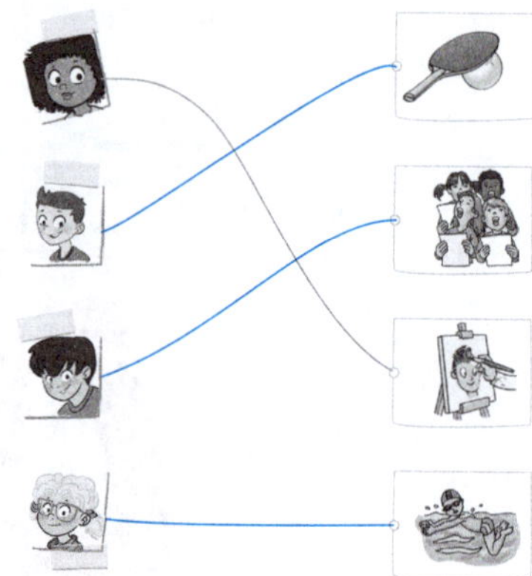

3 Welche Überschrift würde auch zum Text passen? Kreuze an.

[X] Elsa liest nicht gerne [ ] Der Besuch im Zoo

› Text und Bilder aufeinander beziehen
› Überschriften beurteilen

Der Drachen-Stundenplan

Die Fächer Deutsch und Mathe kennt der kleine Drache nicht. In der Drachenschule gibt es andere Fächer.

Stunde	Montag	Dienstag	Mittwoch	Donnerstag
1.	Gold zählen	Feinde anbrüllen	Fliegen üben	
2.	Krallen pflegen	Feinde anbrüllen	Fliegen üben	
3.	Feinde anbrüllen	Gold zählen	Gold zählen	
4.		Krallen pflegen	Krallen pflegen	

1 Beantworte die Fragen. Kreuze an.

Wie viele Stunden hat der kleine Drache am Dienstag?

[ ] drei [X] vier [ ] fünf

An welchem Tag hat der kleine Drache drei Stunden?

[X] am Montag [ ] am Dienstag [ ] am Mittwoch

› Tabellenaufbau verstehen
› einer Tabelle Informationen entnehmen

2 Welche Fächer zeigen die Bilder? Verbinde und trage die Zahlen von 1 bis 4 ein.

Gold zählen 1
Krallen pflegen 2
Feinde anbrüllen 3
Fliegen üben 4

2, 1, 4, 3

3 Welche Aussage stimmt? Male diese Sprechblase gelb an.

› Tabelleninhalt und Bilder aufeinander beziehen
› einer Tabelle Informationen entnehmen
› Aussagen zum Tabelleninhalt überprüfen

Sprachspiel: Reimwörter und Gedicht

1 Immer 2 Wörter reimen sich. Verbinde die Reimwörter.

Haus	Liebe
Diebe	Zwerg
Fisch	Maus
Berg	Tisch

(Lösung: Haus – Maus, Diebe – Liebe, Fisch – Tisch, Berg – Zwerg)

2 Schreibe immer das passende Reimwort in die Lücke.

~~Schal~~ ~~Mund~~ ~~Riese~~ ~~Liege~~

Ich sehe einen Hund
mit einem Hut im Mund.

Auf der grünen Wiese
läuft ein alter Riese.

Im Wasser schwimmt ein Wal,
der trägt nun einen Schal.

Darüber lacht die Ziege
und legt sich auf die Liege.

› den Fachbegriff Reimwörter kennen
› Reimwörter zuordnen

leben – lernen – respektieren

Sprachspiel: Reimwörter und Gedicht

3 Unterstreiche die Reimwörter im Gedicht mit derselben Farbe.

Alles vertauscht

Das ist die erste Strophe. →

Die Suppe in den Keller,
die Wäsche auf den Teller,

die Münzen in die Tasse,
den Kaffee in die Kasse,

die Affen in den Raum,
die Möbel auf den Baum,

die Bücher in die Flasche,
das Wasser in die Tasche,

die Seife in die Pfanne,
das Würstchen in die Wanne.

4 Verbinde jede Strophe mit dem passenden Bild.

5 Welches Bild passt zur letzten Strophe?
Kreuze an.

☐ ☒

› den Fachbegriff Strophe kennen
› Reimwörter erkennen
› die Kernaussage eines Gedichtes identifizieren

Detektivwissen überprüfen

Die besondere Farbe

Umut malt lila Blumen.
Samu sieht das Bild und lacht:
„Haha, du malst ja mit Lila."
Da wird Umut traurig.
Samu bemerkt das.
Leise sagt er: „Tut mir leid, Umut."

Papa sieht Umuts Bild und meint:
„Lila ist eine tolle Farbe.
Früher hatten nur reiche Menschen
lila Kleidung an."

Erstaunt schaut Samu zu Umut.
Umut grinst Samu an. Samu grinst zurück.

1 Was stimmt? Was stimmt nicht? Kreuze an.

	stimmt	stimmt nicht
Umut malt rote Rosen.	☐	☒
Nur reiche Menschen hatten lila Kleidung an.	☒	☐

2 Welches Bild passt zum Text? Kreuze an.

☐ ☒

› Aussagen zu einem Text überprüfen
› Textinhalt und Bilder aufeinander beziehen
› den eigenen Lernstand einschätzen

Spurensicherung: Der 1. Hinweis!

Während Frau Lessing weiterliest, sieht Umut aus dem Fenster.
Draußen fängt es an zu regnen. Der Wind heult um das Haus.
Fensterläden klappern. Plötzlich kracht es.
Ein offenes Fenster ist zugeschlagen.
„Ganz schön unheimlich", murmelt Umut.
Frau Lessing schließt das Fenster und beruhigt die Kinder:
„Keine Angst, es ist alles gut.
Wer möchte denn jetzt beim Detektiv-Rätsel mitmachen?
Als Preis gibt es ein Detektivbuch zu gewinnen."
Lulu, Umut, Paul und Elsa melden sich sofort.
„Wir sind dabei", sagt Lulu.
Die meisten anderen Kinder machen auch mit.
TEAM LUPE fängt an zu knobeln. Sie sind richtig schnell.

? Vergleiche die 4 Gegenstände mit dem Bild.
Welcher Gegenstand fehlt im großen Bild? Kreise ein.

☒ der Pinsel — 1a
☐ die Lupe — 1b

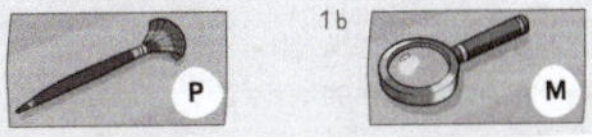

Das Versteck

Die Teile eines Erzähltextes werden Absätze genannt. A, B und C stehen jeweils vor einem Absatz.

A
Hanna und David wollen ein Versteck bauen.
Zuerst sammeln die beiden viele Stöcke.
Dann beginnen die Kinder mit dem Bau.
Es ist nicht leicht. Aber es macht Spaß!
Das Versteck sieht sehr gemütlich aus.

B
Als Nächstes suchen Hanna und David
ein paar Zweige.
Damit wollen sie das Versteck tarnen.

C
Am Ende sitzen die beiden
zufrieden in ihrem Versteck.
David flüstert:
„Das ist unser geheimer Ort.
Wir erzählen niemandem davon.
Schwörst du das?"
Hanna nickt und nimmt Davids Hand.
Sie flüstert: „Ich schwöre."

1 Welche Wörter stehen im Text? Kreuze an.

- [x] Stöcke
- [ ] Baum
- [ ] Rinde
- [ ] Erde
- [x] Versteck
- [x] Zweige

2 Ordne die Überschriften den passenden Bildern zu. Verbinde.

Die Überschrift passt zum Textinhalt.

A Der Bau beginnt
B Die Tarnung
C Der Schwur

3 Welche Aussage stimmt? Male diese Sprechblase gelb an.

1 Lies die Texte. Verbinde mit den passenden Bildern.

Sachtexte informieren kurz und sachlich über verschiedene Themen.

Tischtennis
Bei dieser Sportart
spielen zwei Personen gegeneinander.
Sie spielen an einer Platte.
Die Platte hat in der Mitte ein Netz.

Volleyball
Bei dieser Sportart
gibt es zwei Mannschaften.
In jeder Mannschaft spielen sechs Personen.
Sie spielen auf einem Spielfeld.
Das Spielfeld hat in der Mitte ein Netz.

Wasserball
Bei dieser Sportart
gibt es zwei Mannschaften.
In jeder Mannschaft spielen sieben Personen.
Davon ist eine Person im Tor.
Diese Sportart wird im Wasser gespielt.

2 Ordne die Überschriften den passenden Texten in Aufgabe 1 zu. Schreibe auf die Linien.

Tischtennis — Wasserball — Volleyball

3 Beantworte die Fragen. Kreuze an.

Wie viele Personen spielen gegeneinander Tischtennis?
- [x] zwei
- [ ] sechs
- [ ] acht

Worüber wird der Ball beim Volleyball geschlagen?
- [ ] über die Linie
- [ ] über die Platte
- [x] über das Netz

Welche Sportart wird im Wasser gespielt?
- [ ] Volleyball
- [ ] Tischtennis
- [x] Wasserball

Bei welcher Sportart gibt es eine Platte?
- [ ] beim Volleyball
- [x] beim Tischtennis
- [ ] beim Wasserball

TEAM LUPE ERMITTELT – Lesen 2 FÖRDERN – LÖSUNGEN

Gebrauchstext: Rezept

Knusper-Spinnen

Zutaten für 10 Knusper-Spinnen:

- 20 runde Cracker*
- 20 Salzstangen
- 50 g Frischkäse
- 20 Rosinen

*Cracker ist Englisch und bedeutet: Keks. Man spricht es so: Kräcker. Cracker sind nicht süß, sondern salzig.

So wird es gemacht:

1. Bestreiche einen Cracker mit Frischkäse.
2. Nimm 2 Salzstangen. Brich jede Salzstange in 4 kurze Stücke.
3. Drücke auf beiden Seiten 4 Salzstangen in den Frischkäse. Das sind die Beine.
4. Lege einen zweiten Cracker als Deckel auf den ersten.
5. Setze auf den oberen Cracker 2 kleine Tupfer Frischkäse. Das sind die Augen.
6. Lege in die Frischkäse-Tupfer jeweils eine Rosine. Das sind die Pupillen.

Fertig ist deine Knusper-Spinne!

› ein Rezept verstehend lesen

Gebrauchstext: Rezept

1 Im Rezept auf Seite 16 werden 3 Körperteile genannt. Unterstreiche sie.

2 Schreibe die passenden Körperteile an die Knusper-Spinne.

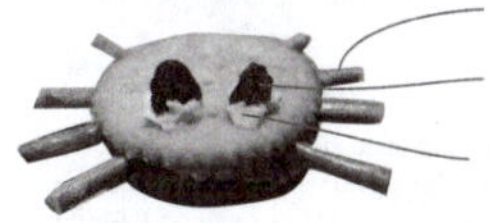

Beine

Pupillen

Augen

3 Welche Reihenfolge ist richtig? Trage die Zahlen von 1 bis 6 ein.

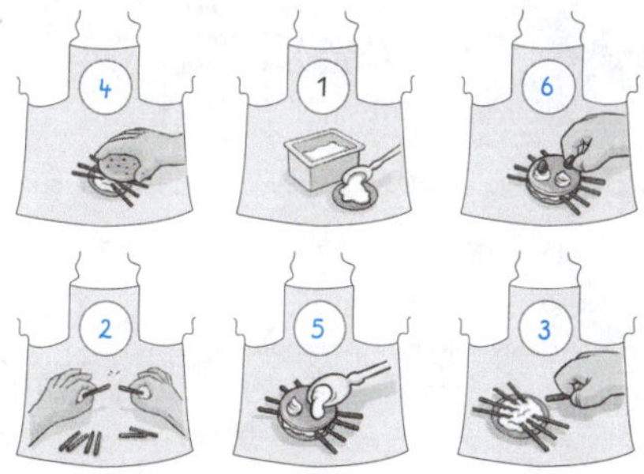

› Informationen im Text finden und markieren
› einem Text Informationen entnehmen
› Text und Bilder aufeinander beziehen

Sprachspiel: Abzählreime

1 Welcher Abzählreim gehört zu welchem Bild? Verbinde.

Mit einem Abzählreim kannst du entscheiden, wer dran ist.

Ritze und ratze,
Maus und Katze,
Katze und Maus
und du bist raus.
1

Ene, mene, miste,
es rappelt in der Kiste.
Ene, mene, meck
und du bist weg.
2

Eine kleine Haselmaus
zog sich mal die Hose aus,
zog sie wieder an
und du bist dran.
3

Eins, zwei, drei,
Butter mit Brei,
Salz mit Speck
und du bist weg.
4

› Text und Bilder aufeinander beziehen

Sprachspiel: Abzählreime

2 Welche Abzählreime sind gemeint? Trage die passenden Zahlen von Seite 18 ein.

In meinem Abzählreim rappelt eine Kiste. (2)

In meinem Abzählreim kommen Speck und Butter vor. (4)

In meinem Abzählreim geht es um eine Maus und eine Katze. (1)

In meinem Abzählreim zieht sich eine Haselmaus an. (3)

3 Setze die passenden Reimwörter ein.

Hoppe, hoppe Reiter,
wenn er fällt, dann schreit er.
Fällt er in den Graben,
fressen ihn die Raben.
Fällt er in den Sumpf,
macht der Reiter plumps.

~~Raben~~
~~er~~
~~plumps~~

› Aussagen den passenden Texten zuordnen
› Reimwörter zuordnen

TEAM LUPE ERMITTELT – Lesen 2 FÖRDERN – LÖSUNGEN

Detektivwissen überprüfen

Tolle Knolle

Lebensmittel

Aus Kartoffeln kann man viel machen:
Salzkartoffeln, Kartoffelbrei, Pommes, Knödel, Chips.

Kartoffelsorten

Es gibt etwa 200 verschiedene Kartoffelsorten.
Die Sorten haben unterschiedliche Namen:
zum Beispiel Linda, Gala oder Goldmarie.

Aussehen

Die Kartoffel ist eine Knolle.
Sie wächst unter der Erde.
Über der Erde wächst das Kraut.
Das Kraut hat weiße und lila Blüten.
Achtung! Das Kraut ist giftig.

1 Ordne die Überschriften den passenden Absätzen zu. Schreibe.

Lebensmittel — Aussehen — Kartoffelsorten

2 Beantworte die Fragen. Kreuze an.

Wie heißt eine Kartoffelsorte?
☐ Lulu ☒ Linda

Was ist eine Kartoffel?
☒ eine Knolle ☐ ein Obst

› zentrale Aussagen von Textabschnitten erfassen und Überschriften zuordnen
› Fragen zu einem Text beantworten
› den eigenen Lernstand einschätzen

Spurensicherung: Der 2. Hinweis!

TEAM LUPE hat tatsächlich den Detektiv-Wettbewerb gewonnen.
Stolz nimmt Elsa das Detektivbuch entgegen.
Dann erklärt Frau Lessing:
„Im zweiten Stock gibt es jetzt ein Bilderbuchkino."
Elias und ein paar andere Kinder gehen hinauf.
„Wir bleiben hier unten, oder?", fragt Umut die anderen.
„Sonst verpassen wir noch das Gespenst."
„Gespenster gibt es doch gar nicht!", behauptet Paul.
„Die kommen nur in Büchern vor."
„Woher willst du das wissen?", fragt Elsa.
„Ja, genau", stimmt Lulu zu.
Plötzlich gehen alle Lichter aus.
„Huch!", ruft Paul erschrocken.

? Lulu sucht in der Dunkelheit ihren Vater.
Welcher Schatten passt zu ihm? Kreise ein.

☐ Schatten 1 ☒ Schatten 2

2a 

2b 

Flaschen-Angeln

A Sülün und Lulu wollen ein Picknick machen.
Sülüns Papa ist auch dabei.
Zusammen gehen sie auf den Spielplatz.

B Da ruft Lulu:
„Igitt, was ist denn das?
Überall liegt Müll."
Sülüns Papa schüttelt den Kopf:
„Da müssen wir etwas machen!
Ich hole eine Mülltüte."

C Lulu nimmt einen Stock
und steckt ihn in eine leere Flasche.
Dann hebt Lulu die Flasche auf.
Sie ruft stolz:
„Ich habe eine Flasche geangelt."
Sülün probiert es auch aus.
Das macht Spaß!

D Die Kinder angeln die Flaschen
mit Stöcken.
Sülüns Papa hebt
den anderen Müll auf.
Am Ende ist der Spielplatz wieder sauber.
Das Picknick kann beginnen.

1 Welcher Absatz gehört zu welchem Bild?
Trage die Buchstaben A, B, C und D ein.

› den Fachbegriff Absatz kennen
› Textinhalt und Bilder aufeinander beziehen

2 Beantworte die Fragen. Kreuze an.

Wo wollen Lulu und Sülün ein Picknick machen?
☐ im Park ☒ auf dem Spielplatz ☐ im Zoo

Was liegt überall herum?
☐ Steine ☐ Blumen ☒ Müll

Was holt Sülüns Papa?
☐ Sülüns Papa holt einen Eimer.
☒ Sülüns Papa holt eine Mülltüte.
☐ Sülüns Papa holt eine Tasche.

Was benutzen die Kinder als Angel?
☐ Die Kinder benutzen Besen.
☐ Die Kinder benutzen Pfeile.
☒ Die Kinder benutzen Stöcke.

3 Was haben Lulu und Sülün geangelt?
Kreuze an und male.

☐ Tüten
☒ Flaschen
☐ Becher

› Fragen zum Text beantworten
› einem Text Informationen entnehmen und zeichnerisch umsetzen

TEAM LUPE ERMITTELT – Lesen 2 FÖRDERN – LÖSUNGEN

beobachten – verstehen – schützen

Sachtext

Das Okapi

Das Okapi lebt im Kongo. Der Kongo ist ein Land in Afrika. Das Tier lebt im Regenwald. Okapis wurden erst vor etwa 100 Jahren entdeckt.

Das Okapi hat Streifen an den Beinen. Sonst ist das Fell braun. Das Okapi hat eine lange Zunge. Damit reißt es Blätter von den Bäumen. Das Okapi frisst aber auch Gräser und Früchte.

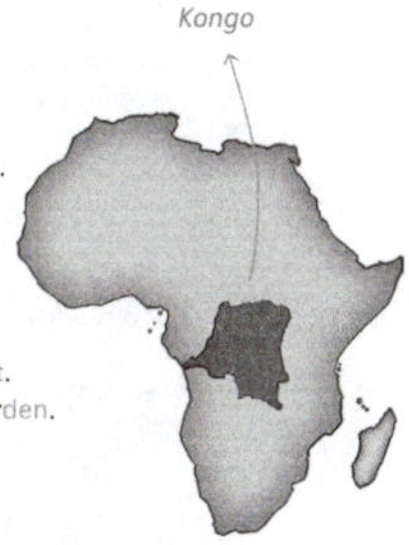

Heute gibt es nur noch wenige Okapis. Die seltenen Tiere werden leider gejagt. Deshalb müssen Okapis geschützt werden.

1 Welches Bild zeigt ein Okapi? Kreuze an.

☐ 

☒ 

› Textinhalt und Bilder aufeinander beziehen

beobachten – verstehen – schützen

Sachtext

2 Beantworte die Fragen. Kreuze an.

In welchem Land lebt das Okapi?
☐ in Deutschland ☐ in Polen ☒ im Kongo

Wann wurde das Okapi entdeckt?
☐ vor etwa 8 Jahren
☒ vor etwa 100 Jahren
☐ vor etwa 2000 Jahren

Was frisst das Okapi?
☒ Blätter ☐ Nüsse
☒ Früchte ☒ Gräser

An welchem Körperteil hat das Okapi Streifen?
☐ an den Ohren ☒ an den Beinen ☐ an der Nase

3 Okapis müssen geschützt werden. Kreise das richtige Schild ein.

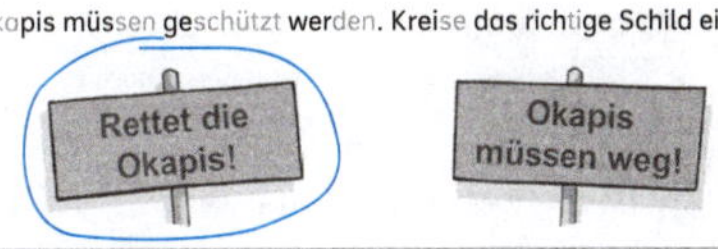

› Fragen zum Text beantworten
› Textinhalt und Bilder aufeinander beziehen

beobachten – verstehen – schützen

Gebrauchstext: Anleitung

Das Insektenhotel

Insekten sind wichtig für die Natur. Viele Menschen haben deshalb ein Insekten-Hotel im Garten.

Achtung!
Die Kanten der Dose und die Schere sind scharf!
Arbeite mit einem Erwachsenen zusammen.

Bauanleitung

1. Nimm eine Dose ohne Deckel. Mache die Dose gut sauber.

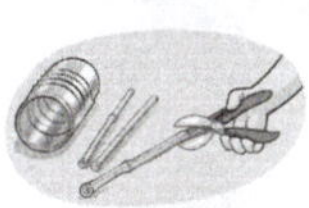

2. Nimm eine Gartenschere. Schneide damit Bambus-Stäbe zu. Die Stäbe sollen etwas länger als die Dose sein.

3. Stecke die Bambus-Stäbe in die Dose. Die Dose muss ganz voll sein. Die Stäbe sollen richtig festsitzen.

Du kannst die Dose auch anmalen.

4. Binde nun ein Band um die Dose. Hänge die Dose dann an einen Platz in der Sonne. Hier soll kein Regen hinkommen.

› eine Anleitung verstehend lesen

beobachten – verstehen – schützen

Gebrauchstext: Anleitung

1 Umut möchte ein Insekten-Hotel bauen. Was braucht er dafür? Kreise ein.

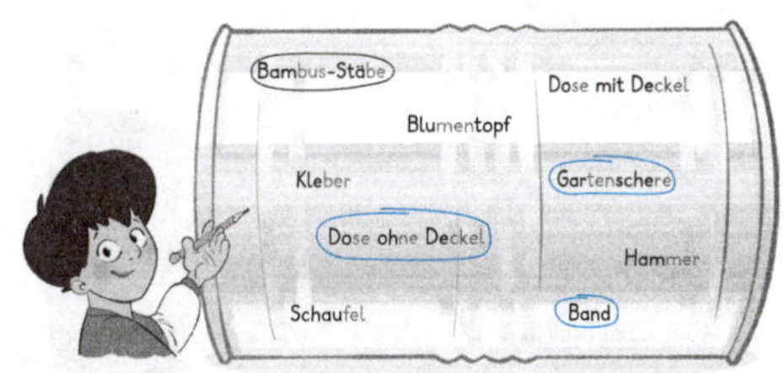

2 Was stimmt? Was stimmt nicht? Kreuze an.

	👍	👎
Die Dose soll sauber sein.	☒	☐
Die Dose muss einen Deckel haben.	☐	☒
Die Stäbe sollen etwas kürzer als die Dose sein.	☐	☒
Die Stäbe sollen richtig festsitzen.	☒	☐
Die Dose soll in der Sonne hängen.	☒	☐

› Einzelinformationen in einem Text finden
› Aussagen zum Text überprüfen

Die kleine Schnecke

Eine kleine rosa Schnecke
kriecht am Morgen durch die Hecke.

Sie will nach ganz oben kriechen,
um die frische Luft zu riechen.

Die Schnecke ist weit oben nun,
bekommt es mit der Angst zu tun.

Sie zieht sich in ihr Haus zurück,
rollt nach unten, bleibt ganz – zum Glück.

Doch die Schnecke gibt nicht auf,
kriecht gleich noch einmal hinauf.

1 Wodurch kriecht die kleine Schnecke? Kreuze an.

- [ ] Sie kriecht durch einen Zaun.
- [X] Sie kriecht durch eine Hecke.

2 Wie endet das Gedicht? Kreuze an.

- [X] Die kleine Schnecke kriecht gleich noch einmal hinauf.
- [ ] Die kleine Schnecke kriecht am Abend noch einmal hinauf.

3 Unterstreiche die Reimwörter im Gedicht.

› Fragen zum Text beantworten
› Reimwörter erkennen

4 Welche Texte sind Gedichte? Überprüfe die Merkmale. Kreuze an.

Der Hund
ist ganz bunt.

Die Kuh
macht „Muh".

Das Schwein
ist ganz klein.

	👍	👎
Es gibt Reimwörter.	[X]	[ ]
Es gibt Strophen.	[X]	[ ]
Es ist ein Gedicht.	[X]	[ ]

Im Winter machen
einige Tiere Winterschlaf.
Sie haben im Herbst
viel gefressen.
So können sie die lange Zeit
ohne Futter überstehen.

	👍	👎
Es gibt Reimwörter.	[ ]	[X]
Es gibt Strophen.	[ ]	[X]
Es ist ein Gedicht.	[ ]	[X]

Ein kleiner brauner Hase
fiel manchmal auf die Nase.

Er machte sich nichts draus
und lief dann schnell nach Haus.

	👍	👎
Es gibt Reimwörter.	[X]	[ ]
Es gibt Strophen.	[X]	[ ]
Es ist ein Gedicht.	[X]	[ ]

5 Unterstreiche die Reimwörter in den Gedichten.

› die Textsorte Gedicht kennen
› Merkmale eines Gedichtes erkennen
› Reimwörter erkennen

Detektivwissen überprüfen

Der Marienkäfer

Der Marienkäfer ist ein Insekt.
Er hat sechs Beine.
Am Kopf hat er zwei Fühler.
Die Flügel sind meistens rot.
Auf den Flügeln sind schwarze Punkte.

Viele Menschen glauben,
die Punkte zeigen
das Alter eines Marienkäfers.
Das ist aber nicht richtig.
Die Punkte zeigen nur,
zu welcher Art ein Marienkäfer gehört.

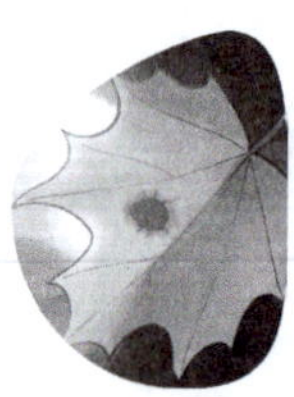

1 Welches Bild zeigt einen Marienkäfer? Kreuze an.

[X]  [ ]  [ ] 

2 Beantworte die Fragen. Kreuze an.

Was für ein Tier ist der Marienkäfer?
[X] ein Insekt [ ] ein Säugetier [ ] ein Reptil

Was zeigen die Punkte auf den Flügeln?
[ ] das Alter [ ] die Jahreszeit [X] die Art

› Textinhalt und Bilder aufeinander beziehen
› Fragen zum Text beantworten
› den eigenen Lernstand einschätzen

Spurensicherung: Der 3. Hinweis!

Plötzlich gehen die Lichter wieder an.
„Da bist du ja, Papa!", sagt Lulu erleichtert.
Alle sind noch ganz aufgeregt und reden durcheinander.
Frau Lessing ruft laut dazwischen:
„Es gab nur einen kurzen Stromausfall.
Jetzt ist wieder alles in Ordnung."
Das Bilderbuchkino geht weiter.
Und wer möchte, kann mit Frau Lessing
Lesezeichen basteln.
TEAM LUPE sieht sich um.
„Fällt euch etwas auf?", fragt Paul.
„Hat sich nach dem Stromausfall irgendwas verändert?"
„Ja", flüstert Umut leise. „Seht doch nur!"

? Finde die Unterschiede im Nachher-Bild.
Wie viele sind es? Kreise sie ein.

vorher

nachher

- [ ] zwei Unterschiede
- [X] vier Unterschiede

3a 3b

Tamiras Wunsch

Heute ist Montag.
Montags bekommt Tamira immer Taschengeld.
Sie braucht es diesmal dringend.

Tamira spart seit Wochen ihr Taschengeld.
Denn sie hat einen großen Wunsch.
Tamira möchte sich eine Ritterburg kaufen.

Zu der Ritterburg gehören
Pferde, Hühner und Schweine.
Dort leben Ritter, eine Königin und ein König.
Die Burg hat vier Türme und eine Brücke.
Tamira hat nun genug Geld gespart.
Heute Nachmittag wird sie
mit Mama die Ritterburg kaufen.

1 Welche Tiere gehören zur Ritterburg? Kreise ein.

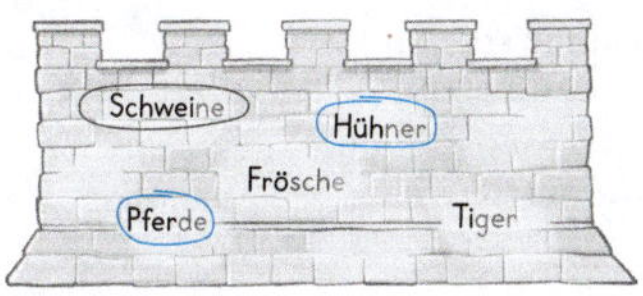

› einen Text verstehend lesen
› Einzelinformationen in einem Text finden

2 Welche Menschen leben auf der Ritterburg? Kreise ein.

3 Wie sieht die Ritterburg aus? Kreuze an.

4 In diesen Sätzen passt jeweils ein Wort nicht.
Streiche es durch.

Heute ist ~~gelb~~ Montag.
Tamira spart ~~Ritter~~ seit Wochen ihr Taschengeld.
Tamira möchte sich ~~Blumentopf~~ eine Ritterburg kaufen.
Die Burg hat vier ~~reiten~~ Türme und eine Brücke.
Tamira ~~Elsa~~ hat nun genug Geld gespart.

› Textinhalt und Bilder aufeinander beziehen
› Stolperwörter in Sätzen finden

Meerschweinchen

A Meerschweinchen kommen
aus Südamerika.
Die Tiere heißen Meerschweinchen,
weil sie wie kleine Schweine quieken.
Und sie wurden mit Schiffen
über das Meer zu uns gebracht.

B Meerschweinchen sind ungefähr
30 Zentimeter lang.
Die Beine sind kurz.
Das Fell kann glatt
oder strubbelig sein.
Es gibt viele verschiedene Fellfarben.

C Meerschweinchen leben gerne
in einer Gruppe.
Zuhause sollte man deshalb
mehrere Meerschweinchen halten.
Sie brauchen ein großes Gehege.
Meerschweinchen brauchen auch
Futter, ein Häuschen und
einen Platz zum Spielen.

Aussehen
Heimat
Haltung

1 Ordne die Überschriften den passenden Absätzen zu.
Verbinde.

› zentrale Aussagen von Textabschnitten erfassen und Überschriften zuordnen

2 Beantworte die Fragen. Kreuze an.

Wo kommen die Meerschweinchen her?
☐ aus Australien ☒ aus Südamerika

Was brauchen Meerschweinchen?
☒ ein großes Gehege ☐ eine große Schleife

3 Wie können Meerschweinchen aussehen?
Verbinde, was stimmt.

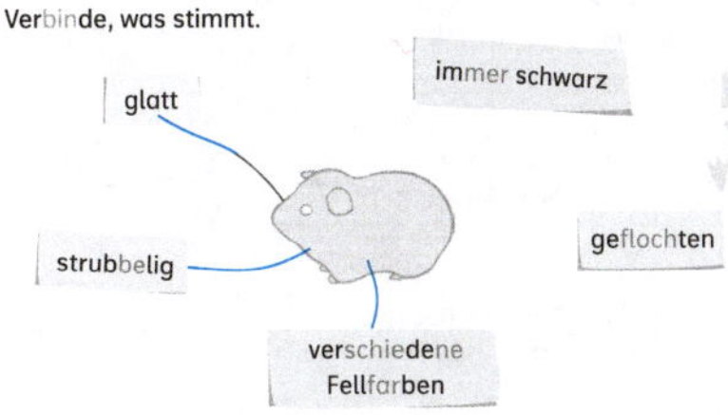

4 Was gehört in ein Meerschweinchen-Gehege?
Kreise ein.

Häuschen
Platz zum Spielen
Futter
Tasse
Brille
Spiegel

› Fragen zum Text beantworten
› Einzelinformationen in einem Text finden

TEAM LUPE ERMITTELT – Lesen 2 FÖRDERN – LÖSUNGEN

Die Schatzsuche

Heute wird eine Piratenparty gefeiert.
Die Kinder haben einen Brief mit einer Schatzkarte entdeckt.
Jetzt kann die Schatzsuche beginnen.

Ahoi,
ich habe meinen Schatz versteckt.
Willst du ihn finden?
Dann lies den Text und die Karte genau.

Starte am Gartentor.
Gehe bis zum Apfelbaum.
Von dort gehe über die braune Holzbrücke.
Nun gehe über die Blumenwiese.
Laufe über die drei Steine im Bach.
Jetzt gehe gerade runter.
Gehe an der Kirche vorbei bis zum Spielplatz.
Hier ist der Schatz versteckt.

Viel Glück wünscht dir
Pirat Bill!

P. S. Noch ein Tipp von mir: Grabe im Sand.

1 Wo startet die Schatzsuche?
Unterstreiche im Text.

› Informationen im Text finden und markieren

2 Zeichne den Weg auf der Schatzkarte ein.
Starte am Gartentor.

Lies Zeile für Zeile.
Trage passend dazu den Weg ein.

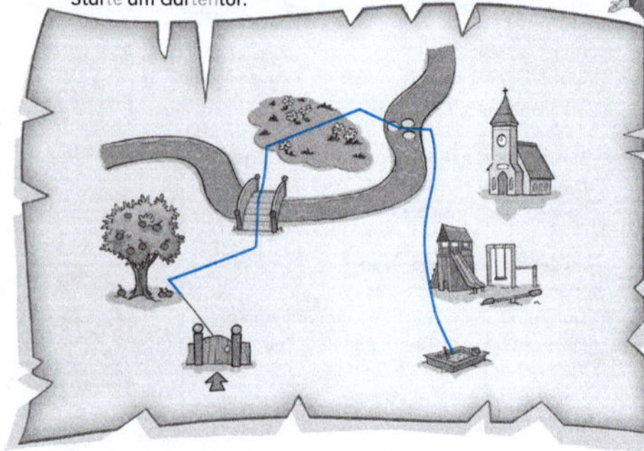

3 Beantworte die Fragen. Kreuze an.

Wie viele Steine liegen im Bach?
☐ zwölf ☒ drei ☐ fünfzig

Wo ist der Schatz versteckt?
☐ am Gartentor ☐ am Apfelbaum ☒ am Spielplatz

Wer hat den Brief geschrieben?
☐ Pirat Paul ☐ Pirat Leon ☒ Pirat Bill

› Textinhalt und Bild aufeinander beziehen
› Handlungsanweisung nachvollziehen
› Fragen zum Text beantworten

Wünsche

1 Ich wünsche mir ein Tier, das vor langer Zeit gelebt hat. — Dino
2 Ich wünsche mir eine Sehhilfe für Detektive. — Lupe
3 Ich wünsche mir ein Kleidungsstück mit Ärmeln. — Pullover
4 Ich wünsche mir etwas, womit ich malen kann. — Stifte
5 Ich wünsche mir ein Buch, mit einer spannenden Geschichte. — Krimi
6 Ich wünsche mir ein Buch voller Wissen. — Lexikon

1 Verbinde die Wünsche mit den passenden Bildern.

› Rätselsätze lösen
› Wortbedeutungen verstehen

2 Trage die Wörter aus Aufgabe 1 richtig in das Gitterrätsel ein.

						1	D	i	n	o		
			2	L	u	p	e					
				3	P	u	l	l	o	v	e	r
			4	S	t	i	f	t	e			
				5	K	r	i	m	i			
6	L	e	x	i	k	o	n					

D	e	l	f	i	n
1	2	3	4	5	6

Die gelben Felder ergeben ein Lösungswort.
Das ist mein Lieblings-Tier.

3 Welches ist Umuts Lieblings-Tier? Kreuze an.

☐ ☒ ☐

› Gitterrätsel lösen
› Begriffe richtig zuordnen
› Lösungswort und Bilder aufeinander beziehen

Detektivwissen überprüfen

Im Kino

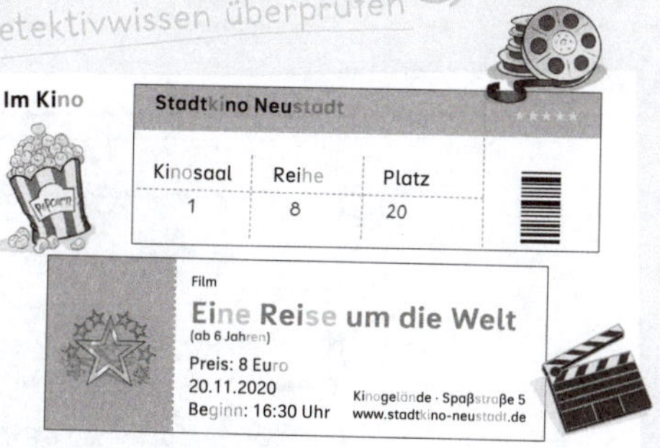

1 Beantworte die Fragen. Kreuze an.

In welchem Kinosaal läuft der Film?
- [ ] Kinosaal 4
- [ ] Kinosaal 3
- [x] Kinosaal 1

Wie viel kostet der Eintritt?
- [ ] 10 Euro
- [ ] 50 Euro
- [x] 8 Euro

In welcher Reihe ist der Sitzplatz?
- [ ] Reihe 20
- [ ] Reihe 1
- [x] Reihe 8

In welcher Straße ist das Kino?
- [ ] Kinoweg
- [x] Spaßstraße
- [ ] Filmgasse

› Fragen zum Text beantworten
› den eigenen Lernstand einschätzen

Spurensicherung: Der 4. Hinweis!

Nach dem Stromausfall haben sich tatsächlich ein paar Dinge im Raum verändert. Paul kratzt sich an der Stirn. „Seltsam. Gibt es etwa doch ein Gespenst in der Bücherei?" „Wir sollten die anderen Kinder fragen", schlägt Elsa vor. „Vielleicht ist ihnen etwas Verdächtiges aufgefallen." Aber fast alle Kinder schütteln die Köpfe. Nur Felix erzählt: „Da hat jemand so schaurig geheult. Ich habe es genau gehört." „Echt jetzt?", fragt Lulu. TEAM LUPE kann das fast nicht glauben. Die Freunde teilen sich in zwei Gruppen auf und suchen nach Spuren. Zehn Minuten später treffen sie sich wieder.

? Wo treffen sich die Kinder? Spure die Wege nach.

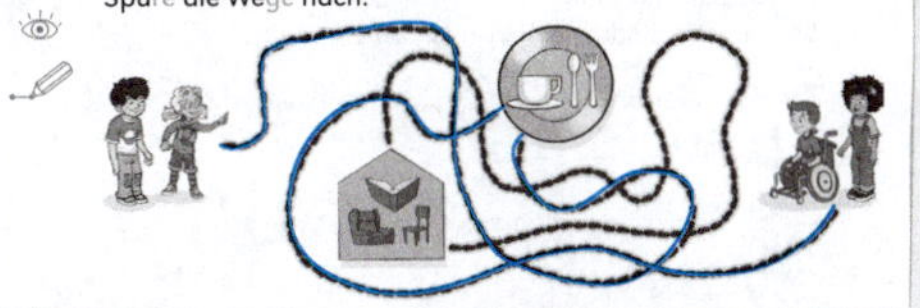

- [x] im Bistro (4a, t)
- [ ] im großen Lesesaal (4b, l)

lesen – hören – sehen
Erzähltext

Der seltsame Vorfall

Fabian wacht auf und hört Papa schimpfen. Fabian fragt: „Was ist los?" Papa ruft: „Meine Zeitung wurde geklaut!" Da kommt Mama und meint: „Mein Handy ist weg."

Fabian sieht sich um. Der Fernseher fehlt auch. Fabian rennt hoch in sein Zimmer. Oh nein! Seine Bücher sind auch verschwunden.

Piep – piep – piep. Ein Wecker klingelt. Da wacht Fabian auf. Er schaut sich im Zimmer um. Alle Bücher sind noch da. Puh! Zum Glück war alles nur ein Traum!

In Medien findest du Informationen. Medien sind Zeitungen, Bücher, Handys, Tablets, Fernseher oder CDs.

1 Welche Medien kommen im Text vor? Kreise ein.

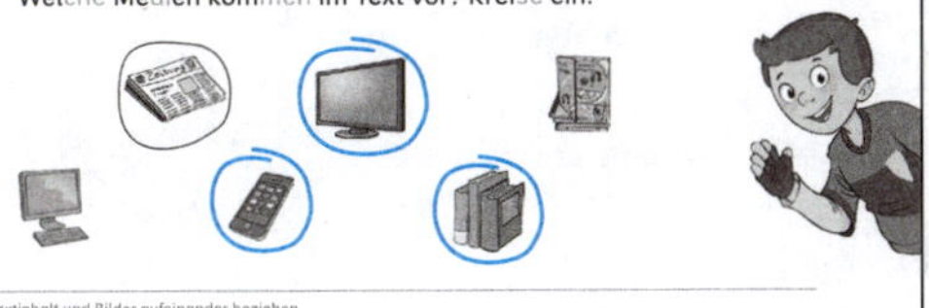

› Textinhalt und Bilder aufeinander beziehen
› Medien kennen

lesen – hören – sehen
Erzähltext

2 Unterstreiche die Antworten im Text mit der passenden Farbe.

Blau: Wen hört Fabian schimpfen?
Rot: Was fehlt in Fabians Zimmer?
Gelb: Welches Geräusch macht der Wecker?

3 Was stimmt? Was stimmt nicht? Kreuze an.

	stimmt	stimmt nicht
Papas Zeitung wurde geklaut.	X	
Mamas Brille wurde geklaut.		X
Fabians Bücher sind verschwunden.	X	
Fabian hat nur geträumt.	X	

4 Ordne die Medien den passenden Personen zu. Verbinde.

› Antworten im Text finden und markieren
› Aussagen zum Text überprüfen
› Text und Bild aufeinander beziehen

lesen – hören – sehen

Sachtext

Wie wird das Wetter?

Lulu und Paul schauen Kindernachrichten.
Jetzt kommt der Wetterbericht.

In Kiel wird es am kältesten. Es sind 8 °C.* In Hannover werden es 13 °C und es kann Gewitter geben. In Berlin sind es nur 9 °C und es regnet stark. In Düsseldorf wird es wärmer mit 15 °C. Dort gibt es nur wenige Wolken. In Frankfurt werden es 17 °C. In München wird es heute am wärmsten. Es sind 19 °C. Dort gibt es nur Sonnenschein.

* °C bedeutet Grad Celsius. So wird die Temperatur angegeben.

1 Im Text sind alle Städte unterstrichen. Schreibe die Städte nach dem Abc sortiert auf.

- Berlin
- Düsseldorf
- Frankfurt
- Hannover
- Kiel
- München

A B C D E F G H I J K L M N O P Qu R S T U V W X Y Z

› Textsorte Wetterbericht kennen
› Informationen im Text finden
› Wörter nach dem Alphabet sortieren

lesen – hören – sehen

Sachtext

2 Wie viel Grad sind es? Trage ein.

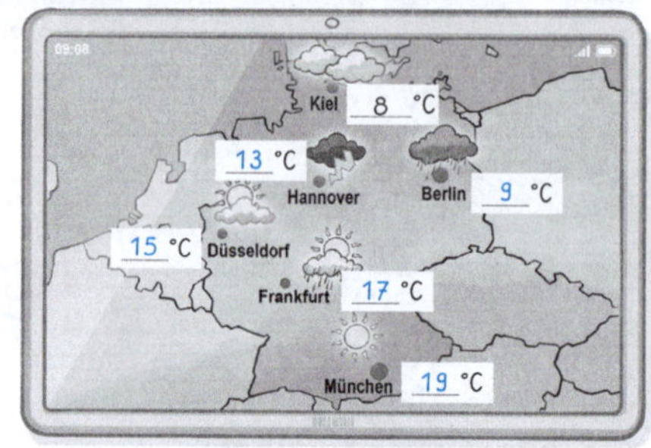

3 Was gehört zusammen? Verbinde.

München – Sonne
Berlin – Regen
Kiel – Wolken
Hannover – Gewitter

› Text und Bild aufeinander beziehen
› Informationen aus einem Bild entnehmen

lesen – hören – sehen

Gebrauchstext: Suchanzeige

Schriftart Größe
Start Einfügen

Kaninchen vermisst! **Neustadt, 25. Juni**

Wer hat Hoppel gesehen?
Unser Kaninchen Hoppel ist weg.

Hoppel ist am 27. Juni abends verschwunden.
Wir wohnen in Neustadt in der Lupenstraße.

Hoppel ist 8 Jahre alt.

So sieht er aus:
- braunes Fell
- lange Schlappohren
- vorne eine weiße Pfote
- am Bauch einen schwarzen Fleck

Bitte rufen Sie an,
wenn Sie Hoppel finden:
Telefon: 0531-3496...

1 Wie sieht das Kaninchen aus? Unterstreiche.

› Informationen im Text finden und markieren

lesen – hören – sehen

Gebrauchstext: Suchanzeige

2 Welches Kaninchen wird vermisst? Kreuze an.

☒ ☐ ☐

3 Beantworte die Fragen. Kreuze an.

Wie heißt das Kaninchen?
☐ Schlappi ☒ Hoppel ☐ Hubert

Wann ist das Kaninchen verschwunden?
☐ morgens ☐ mittags ☒ abends

In welcher Straße ist das Kaninchen weggelaufen?
☐ in der Hasenstraße
☒ in der Lupenstraße
☐ in der Heustraße

Wie alt ist das Kaninchen?
☐ 2 Jahre ☒ 8 Jahre ☐ 7 Monate

› Text und Bild aufeinander beziehen
› Fragen zum Text beantworten

Die Geheimschrift

Umut und Lulu haben ein kleines Kästchen gefunden.
Darin liegen zwei Zettel.

A	D	E	F	G	H	I	L
○	↑	—	⁘	⊥	↓	+	→

M	N	O	R	S	T	U	W
‡	∧	←	♡	×	÷	⇕	⊕

↓ ○ → → ←   ← → ⊥ ○
HALLO OLGA,

⊕ + ♡   ÷ ♡ — ⁘ ⁘ — ∧
WIR TREFFEN

⇕ ∧ ×   ‡ ← ♡ ⊥ — ∧
UNS MORGEN

⇕ ‡   ↑ ♡ — +   ○ ‡   × — —
UM DREI AM SEE.

↑ — + ∧ —   ‡ ○ ♡ ÷ ○
DEINE MARTA

1 Finde heraus, was auf dem Zettel steht.
Trage die richtigen Buchstaben ein.

› eine Geheimschrift entschlüsseln
› mit Symbolen arbeiten

2 Beantworte die Fragen. Kreuze an.

Für wen ist die Nachricht?
☐ für Martin ☒ für Olga

Wo treffen sie sich?
☐ am Baumhaus ☒ am See

Wann treffen sie sich?
☒ um drei Uhr ☐ um zwei Uhr

3 Schreibe in Geheimschrift.

ELSA

— → × ○

UMUT

⇕ ‡ ⇕ ÷

› Fragen zum Text beantworten
› System der Geheimschrift selbst anwenden

Detektivwissen überprüfen

Die Polizei bittet um Hinweise.

GESUCHT!

**In Neustadt sucht die Polizei einen Mann.
Er hat Geld aus einem Geschäft gestohlen.**

Der Täter wurde gesehen und so beschrieben:
Er ist etwa 1,80 Meter groß und dünn.
Der Mann hat eine blaue Hose und eine graue Jacke an.
Seine Turnschuhe sind schwarz.
Seine Haare sind blond.
Er trägt eine Brille.
Der Mann ist ungefähr 30 Jahre alt.

1 Wer ist der Dieb? Kreuze an.

› Textinhalt und Bilder aufeinander beziehen
› den eigenen Lernstand einschätzen

Spurensicherung: Der 5. Hinweis!

Im Bistro angekommen, erzählen sich die Kinder von ihren Entdeckungen.
Umut schnippt mit den Fingern und berichtet:
„Wir haben auf der Treppe etwas gefunden!"
„Ein Wollknäuel", erklärt Elsa und hält es hoch.
Ein langer, grüner Faden schaut heraus.
Paul und Lulu hatten auch Erfolg. Paul erzählt:
„Wir haben ein Büschel schwarzes Fell entdeckt."
„Von wem das wohl ist?", rätselt Umut.
Lulu kichert: „Von einem Gespenst eher nicht, oder?"
Plötzlich scheppert es in der kleinen Küche neben dem Bistro.
Lulu, Umut, Paul und Elsa zucken zusammen.
„Hallo?", ruft Elsa mutig. „Ist da jemand?"
Sie lauschen gespannt, aber niemand antwortet.
Dann schauen sie vorsichtig in die Küche.

? Immer 4 gleiche Dinge liegen auf dem Tisch.
Welches fehlt?

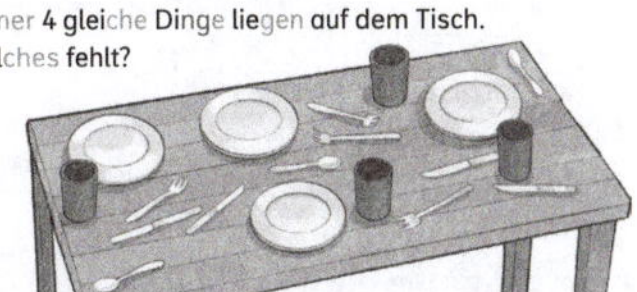

☐ ein Becher ☒ ein Löffel

5a

5b

TEAM LUPE ERMITTELT – Lesen 2 FÖRDERN – LÖSUNGEN

Im Zauberland

Im Zauberland findet am Abend ein großes Konzert statt. Viele Fabelwesen kommen zusammen und spielen wunderschöne Musik.

Die Drachen sorgen mit ihrem Feuer für Licht. Die Einhörner trommeln mit ihren Hufen. Die Zwerge spielen auf glänzenden Trompeten.

Die Elfen und Feen zupfen Harfen. Die Nixen und Zauberer singen zusammen in einem Chor.

Am Ende steht der alte Riese auf und schlägt auf einen großen Gong.

1 Welche Instrumente werden im Text genannt? Kreuze an.

- [x] Trompeten
- [ ] Geigen
- [ ] Rasseln
- [x] Harfen
- [ ] Flöten
- [x] Gong

› Einzelinformationen in einem Text finden

2 Unterstreiche im Text diese Fabelwesen:

3 Beantworte die Fragen. Trage die Antworten in das Gitterrätsel ein.

1 Wer singt zusammen mit den Zauberern?
2 Was findet heute im Zauberland statt?
3 Wofür sorgen die Drachen mit ihrem Feuer?
4 Wer schlägt am Ende auf einen Gong?

1 N i x e n
2 K o n z e r t
3 L i c h t
4 R i e s e

Lösungswort: N (1) o (2) t (3) e (4)

› Informationen in einem Text finden und markieren
› Fragen zum Text beantworten
› ein Gitterrätsel lösen

Glühwürmchen – unsere Feen

Glühwürmchen sind Insekten. Sie legen Eier. Aus einem Ei schlüpft eine Larve. Nach etwa drei Jahren verändert sich die Larve. Sie wird zu einer Puppe. Aus der Puppe schlüpft dann ein neues Glühwürmchen.

Früher wussten die Menschen nicht, dass es Glühwürmchen gibt. Sie sahen Lichter im Wald und dachten, es wären Feen. Dabei waren es nur die leuchtenden Glühwürmchen.

1 Welche Aussagen stimmen? Kreuze an.

	👍	👎
Glühwürmchen sind Insekten.	X	
Glühwürmchen legen Eier.	X	
Nach zehn Stunden verändert sich die Larve.		X
Die Menschen sahen Zwerge im Wald.		X

› Aussagen zu einem Text überprüfen

2 Welche Sätze stehen genau so im Text? Kreuze an.

- [ ] Aus einem Ei schlüpft ein Löwe.
- [x] Aus einem Ei schlüpft eine Larve.

- [x] Aus der Puppe schlüpft dann ein neues Glühwürmchen.
- [ ] Aus der Puppe schlüpft dann ein neues Glühlämpchen.

3 Ordne die Begriffe richtig zu. Verbinde.

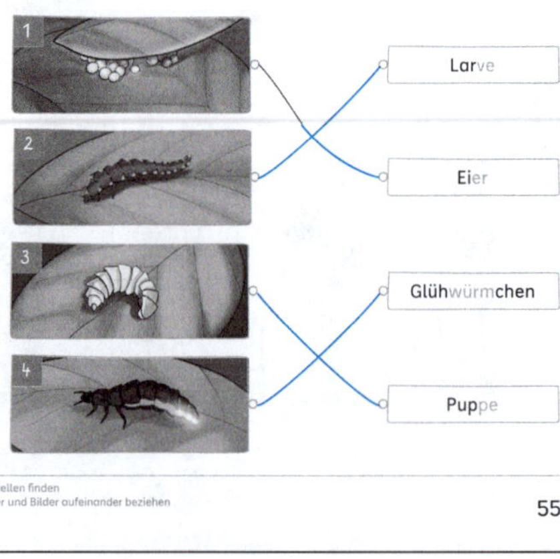

1 – Eier
2 – Larve
3 – Puppe
4 – Glühwürmchen

› Textstellen finden
› Wörter und Bilder aufeinander beziehen

TEAM LUPE ERMITTELT – Lesen 2 FÖRDERN – LÖSUNGEN

Die Zauberblume

1 Beantworte die Fragen. Kreuze an.

Was zeigt die Bilderfolge?
- [ ] einen Zauberwürfel
- [x] einen Zaubertrick

Was öffnet sich im Wasser?
- [ ] eine Blume aus Glas
- [x] eine Blume aus Papier

› den Inhalt einer Bilderfolge verstehen
› Fragen zur Bilderfolge beantworten

2 Bringe die Texte in die richtige Reihenfolge.
Trage die Zahlen 1 bis 6 ein.

- 2 Ich male eine Blume.
- 4 Ich falte die Blütenblätter nach innen.
- 3 Ich schneide die Blume aus.
- 6 Ich spreche einen Zauberspruch. Die Blume öffnet sich.
- 1 Ich lege alle Sachen bereit.
- 5 Ich lege die Blume in das Wasser.

3 Welcher Zauberspruch passt zum Zaubertrick?
Male den passenden Spruch gelb an.

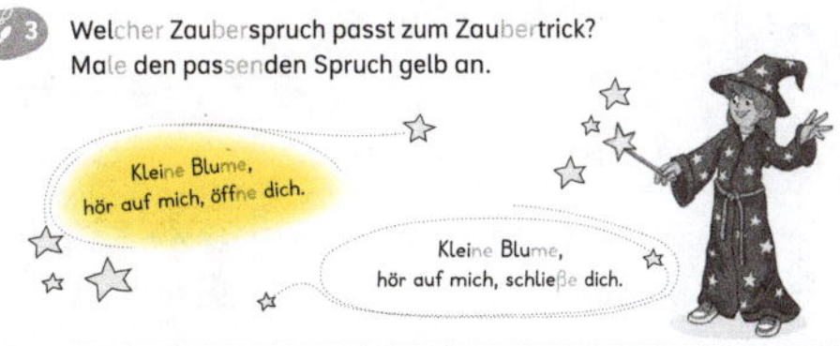

› eine Zaubertrick-Anleitung nachvollziehen
› Textabschnitte in die richtige Reihenfolge bringen
› Aussagen zum Text überprüfen

1 Lies das Gedicht Strophe für Strophe.

Meine Träume

A
In der Nacht, da träume ich,
auf viele Träume freu ich mich.

B
Im Traum kann ich so viel erleben,
als Astronaut im Weltall schweben.

C
Ich kann im Schlamm sein mit den Waden
und, wenn ich will, auch darin baden.

D
Manchmal muss ich mich fast gruseln,
wenn kleine Geister um mich wuseln.

2 Verbinde die Strophen A, B und C mit den passenden Bildern.

3 Welches Bild passt zur letzten Strophe?
Kreuze an.

- [x] 
- [ ] 

› Textinhalt und Bilder aufeinander beziehen
› Fachbegriff „Strophe" kennen

4 Unterstreiche die Reimwörter im Gedicht auf Seite 58.

5 Ergänze die passenden Reimwörter.
Schreibe.

ich:	mich	erleben:	schweben
Waden:	baden	gruseln:	wuseln

6 In welcher Strophe findest du die Wörter?
Trage die Buchstaben A, B, C oder D ein.

	Strophe		Strophe
Nacht	A	Geister	D
Weltall	B	Schlamm	C

7 Von welchem Beruf hat das Kind geträumt?
Male die passende Sprechblase gelb an.

› Reimwörter in einem Text markieren und zuordnen
› Textstellen finden
› Aussagen zum Text überprüfen

Detektivwissen überprüfen

Wenn ich groß bin ...

Wenn ich groß bin, pflege ich Tiere,
Löwen, Bären vielleicht auch Stiere.

Ich sehe Küken zu, wie sie schlüpfen,
und wie Kängurus auf Wiesen hüpfen.

Ich putze Käfige und Ställe,
schneide Krallen und kämme Felle.

Ich weiß, was alle Tiere gerne essen,
kümmere mich jeden Tag um ihr Fressen.

Ich kann den Leuten Antworten geben,
wenn sie mich fragen, wie die Tiere so leben.

1 Unterstreiche die Reimwörter im Gedicht.

2 Ergänze die passenden Reimwörter.
Schreibe.

Tiere:	Stiere	schlüpfen:	hüpfen
Ställe:	Felle	geben:	leben

› Reimwörter in einem Text markieren und zuordnen
› den eigenen Lernstand einschätzen

Spurensicherung: Der 6. Hinweis!

Umut robbt unter den Tisch und hebt den Löffel auf.
„Hab ihn!", ruft er.
Paul zeigt auf eine weiße Pfütze am Boden und staunt:
„Da hat jemand eine Milchtüte umgestoßen."
„Können Gespenster so was?", überlegt Lulu.
„Ich glaube nicht", sagt Elsa. Da klappert es schon wieder.
Kam das Geräusch aus dem Bistro?
Oder von der Tür hinter dem Regal?
Die Freunde sind sich nicht sicher.
Elsa rüttelt an der Tür und schimpft:
„Mist, die ist abgeschlossen! Was machen wir jetzt?"
Lulu beruhigt Elsa und sagt: „Ganz einfach.
Wir benutzen einen der Schlüssel, die hier hängen."

? Welcher Schlüssel passt in das Schloss?
Schau genau.

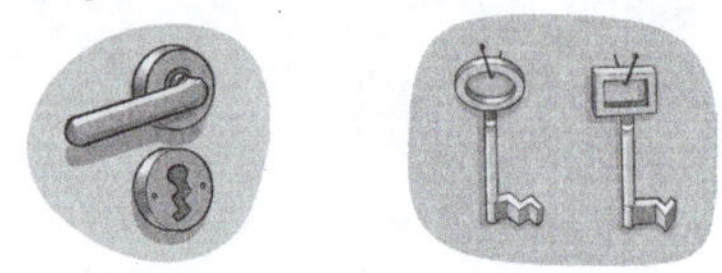

☒ der runde Schlüssel ☐ der eckige Schlüssel

6a

6b
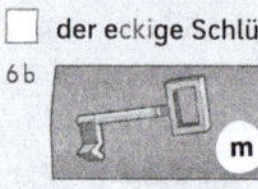

Mein Stickerbogen

Illustrationen: Michael Stapper

Bearbeite so alle 6 Kapitel im Heft.
Am Ende hast du dann 6 Hinweis-Sticker in der Fallakte gesammelt.

3 Die Fallakte

Auf dieser Seite sammelst du die 6 richtigen Hinweis-Sticker.

Auf jedem Sticker findest du einen Buchstaben. Die Buchstaben ergeben das Passwort. Trage jeden Buchstaben in das passende Kästchen ein.

Hinweis 1 = Buchstabe 1 → 1

Außerdem kannst du in der Fallakte das Ende des Falls lesen.

FALL GELÖST!

Brauchst du dabei Hilfe? Frage einen Erwachsenen.

4

Gehe im Internet auf diese Seite:

www.passwort-lupe.de/spuk

Gib nun das Passwort ein.

Hast du das richtige Passwort eingegeben? Dann wartet eine kleine Überraschung auf dich.

Illustrationen: Michael Stapper

Erzähltext

2 Welche Menschen leben auf der Ritterburg? Kreise ein.

3 Wie sieht die Ritterburg aus? Kreuze an.

4 In diesen Sätzen passt jeweils ein Wort nicht. Streiche es durch.

Heute ist ~~gelb~~ Montag.

Tamira spart Ritter seit Wochen ihr Taschengeld.

Tamira möchte sich Blumentopf eine Ritterburg kaufen.

Die Burg hat vier reiten Türme und eine Brücke.

Tamira Elsa hat nun genug Geld gespart.

› Textinhalt und Bilder aufeinander beziehen
› Stolperwörter in Sätzen finden

Meerschweinchen

Meerschweinchen kommen
aus Südamerika.
Die Tiere heißen Meerschweinchen,
weil sie wie kleine Schweine quieken.
Und sie wurden mit Schiffen
über das Meer zu uns gebracht.

A

Aussehen

Meerschweinchen sind ungefähr
30 Zentimeter lang.
Die Beine sind kurz.
Das Fell kann glatt
oder strubbelig sein.
Es gibt viele verschiedene Fellfarben.

B

Heimat

Meerschweinchen leben gerne
in einer Gruppe.
Zuhause sollte man deshalb
mehrere Meerschweinchen halten.
Sie brauchen ein großes Gehege.
Meerschweinchen brauchen auch
Futter, ein Häuschen und
einen Platz zum Spielen.

C

Haltung

1 Ordne die Überschriften den passenden Absätzen zu.
Verbinde.

› zentrale Aussagen von Textabschnitten erfassen und Überschriften zuordnen

2 Beantworte die Fragen. Kreuze an.

Wo kommen die Meerschweinchen her?

- ☐ aus Australien
- ☐ aus Südamerika

Was brauchen Meerschweinchen?

- ☐ ein großes Gehege
- ☐ eine große Schleife

3 Wie können Meerschweinchen aussehen?
Verbinde, was stimmt.

glatt

immer schwarz

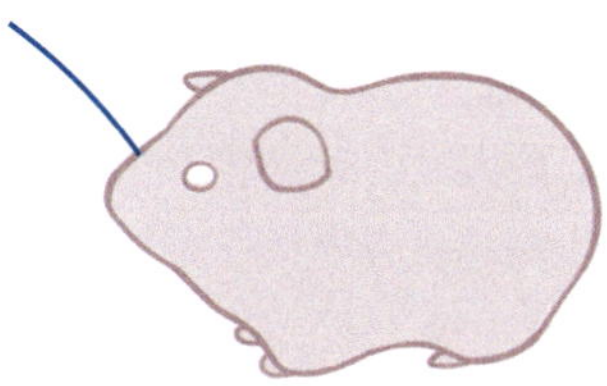

strubbelig

geflochten

verschiedene Fellfarben

4 Was gehört in ein Meerschweinchen-Gehege?
Kreise ein.

Häuschen

Futter

Platz zum Spielen

Tasse

Spiegel

Brille

› Fragen zum Text beantworten
› Einzelinformationen in einem Text finden

Die Schatzsuche

Heute wird eine Piratenparty gefeiert.
Die Kinder haben einen Brief mit einer Schatzkarte entdeckt.
Jetzt kann die Schatzsuche beginnen.

Ahoi,
ich habe meinen Schatz versteckt.
Willst du ihn finden?
Dann lies den Text und die Karte genau.

Starte am Gartentor.
Gehe bis zum Apfelbaum.
Von dort gehe über die braune Holzbrücke.
Nun gehe über die Blumenwiese.
Laufe über die drei Steine im Bach.
Jetzt gehe gerade runter.
Gehe an der Kirche vorbei bis zum Spielplatz.
Hier ist der Schatz versteckt.

Viel Glück wünscht dir
Pirat Bill!

P. S. Noch ein Tipp von mir: Grabe im Sand.

1 Wo startet die Schatzsuche?
Unterstreiche im Text.

Gebrauchstext: Wegbeschreibung

Lies Zeile für Zeile. Trage passend dazu den Weg ein.

2 Zeichne den Weg auf der Schatzkarte ein.
Starte am Gartentor.

3 Beantworte die Fragen. Kreuze an.

Wie viele Steine liegen im Bach?

☐ zwölf ☐ drei ☐ fünfzig

Wo ist der Schatz versteckt?

☐ am Gartentor ☐ am Apfelbaum ☐ am Spielplatz

Wer hat den Brief geschrieben?

☐ Pirat Paul ☐ Pirat Leon ☐ Pirat Bill

› Textinhalt und Bild aufeinander beziehen
› Handlungsanweisung nachvollziehen
› Fragen zum Text beantworten

Sprachspiel: Rätsel

Wünsche

1 Ich wünsche mir ein Tier,
das vor langer Zeit gelebt hat.

2 Ich wünsche mir
eine Sehhilfe für Detektive.

3 Ich wünsche mir
ein Kleidungsstück mit Ärmeln.

4 Ich wünsche mir etwas,
womit ich malen kann.

5 Ich wünsche mir ein Buch,
mit einer spannenden Geschichte.

6 Ich wünsche mir
ein Buch voller Wissen.

Lupe 

Dino 

Krimi 

Stifte 

Pullover 

Lexikon 

1 Verbinde die Wünsche mit den passenden Bildern.

› Rätselsätze lösen
› Wortbedeutungen verstehen

Sprachspiel: Rätsel

2 Trage die Wörter aus Aufgabe 1 richtig in das Gitterrätsel ein.

						1	D	i	n	o		
			2	L								
				3	P							
			4	S								
				5	K							
6	L											

1	2	3	4	5	6

Die gelben Felder ergeben ein Lösungswort.
Das ist mein Lieblings-Tier.

3 Welches ist Umuts Lieblings-Tier? Kreuze an.

› Gitterrätsel lösen
› Begriffe richtig zuordnen
› Lösungswort und Bilder aufeinander beziehen

Detektivwissen überprüfen

Im Kino

Stadtkino Neustadt ★★★★★

Kinosaal	Reihe	Platz
1	8	20

Film

Eine Reise um die Welt
(ab 6 Jahren)

Preis: 8 Euro
20.11.2020
Beginn: 16:30 Uhr

Kinogelände · Spaßstraße 5
www.stadtkino-neustadt.de

1 Beantworte die Fragen. Kreuze an.

In welchem Kinosaal läuft der Film?

☐ Kinosaal 4 ☐ Kinosaal 3 ☐ Kinosaal 1

Wie viel kostet der Eintritt?

☐ 10 Euro ☐ 50 Euro ☐ 8 Euro

In welcher Reihe ist der Sitzplatz?

☐ Reihe 20 ☐ Reihe 1 ☐ Reihe 8

In welcher Straße ist das Kino?

☐ Kinoweg ☐ Spaßstraße ☐ Filmgasse

› Fragen zum Text beantworten
› den eigenen Lernstand einschätzen

Spurensicherung: Der 4. Hinweis!

Nach dem Stromausfall
haben sich tatsächlich ein paar Dinge im Raum verändert.
Paul kratzt sich an der Stirn. „Seltsam.
Gibt es etwa doch ein Gespenst in der Bücherei?“
„Wir sollten die anderen Kinder fragen“, schlägt Elsa vor.
„Vielleicht ist ihnen etwas Verdächtiges aufgefallen.“
Aber fast alle Kinder schütteln die Köpfe.
Nur Felix erzählt: „Da hat jemand so schaurig geheult.
Ich habe es genau gehört.“
„Echt jetzt?“, fragt Lulu.
TEAM LUPE kann das fast nicht glauben.
Die Freunde teilen sich in zwei Gruppen auf und suchen nach Spuren.
Zehn Minuten später treffen sie sich wieder.

?

Wo treffen sich die Kinder?
Spure die Wege nach.

☐ im Bistro

4a

☐ im großen Lesesaal

4b

Der seltsame Vorfall

Fabian wacht auf und hört Papa schimpfen.
Fabian fragt: „Was ist los?“
Papa ruft: „Meine Zeitung wurde geklaut!“
Da kommt Mama und meint:
„Mein Handy ist weg.“

Fabian sieht sich um.
Der Fernseher fehlt auch.
Fabian rennt hoch in sein Zimmer.
Oh nein!
Seine Bücher sind auch verschwunden.

Piep – piep – piep.
Ein Wecker klingelt.
Da wacht Fabian auf.
Er schaut sich im Zimmer um.
Alle Bücher sind noch da.
Puh!
Zum Glück war alles nur ein Traum!

In Medien findest du Informationen.
Medien sind Zeitungen, Bücher, Handys, Tablets, Fernseher oder CDs.

1 Welche Medien kommen im Text vor? Kreise ein.

2 Unterstreiche die Antworten im Text mit der passenden Farbe.

Blau:	Wen hört Fabian schimpfen?
Rot:	Was fehlt in Fabians Zimmer?
Gelb:	Welches Geräusch macht der Wecker?

3 Was stimmt? Was stimmt nicht? Kreuze an.

	👍	👎
Papas Zeitung wurde geklaut.	☐	☐
Mamas Brille wurde geklaut.	☐	☐
Fabians Bücher sind verschwunden.	☐	☐
Fabian hat nur geträumt.	☐	☐

4 Ordne die Medien den passenden Personen zu. Verbinde.

› Antworten im Text finden und markieren
› Aussagen zum Text überprüfen
› Text und Bild aufeinander beziehen

Wie wird das Wetter?

Lulu und Paul schauen Kindernachrichten. Jetzt kommt der Wetterbericht.

In Kiel wird es am kältesten. Es sind 8 °C*. In Hannover werden es 13 °C und es kann Gewitter geben. In Berlin sind es nur 9 °C und es regnet stark. In Düsseldorf wird es wärmer mit 15 °C. Dort gibt es nur wenige Wolken. In Frankfurt werden es 17 °C. In München wird es heute am wärmsten. Es sind 19 °C. Dort gibt es nur Sonnenschein.

* °C bedeutet Grad Celsius. So wird die Temperatur angegeben.

1 Im Text sind alle Städte unterstrichen. Schreibe die Städte nach dem Abc sortiert auf.

Berlin

___

___

___

___

___

› Textsorte Wetterbericht kennen
› Informationen im Text finden
› Wörter nach dem Alphabet sortieren

2 Wie viel Grad sind es? Trage ein.

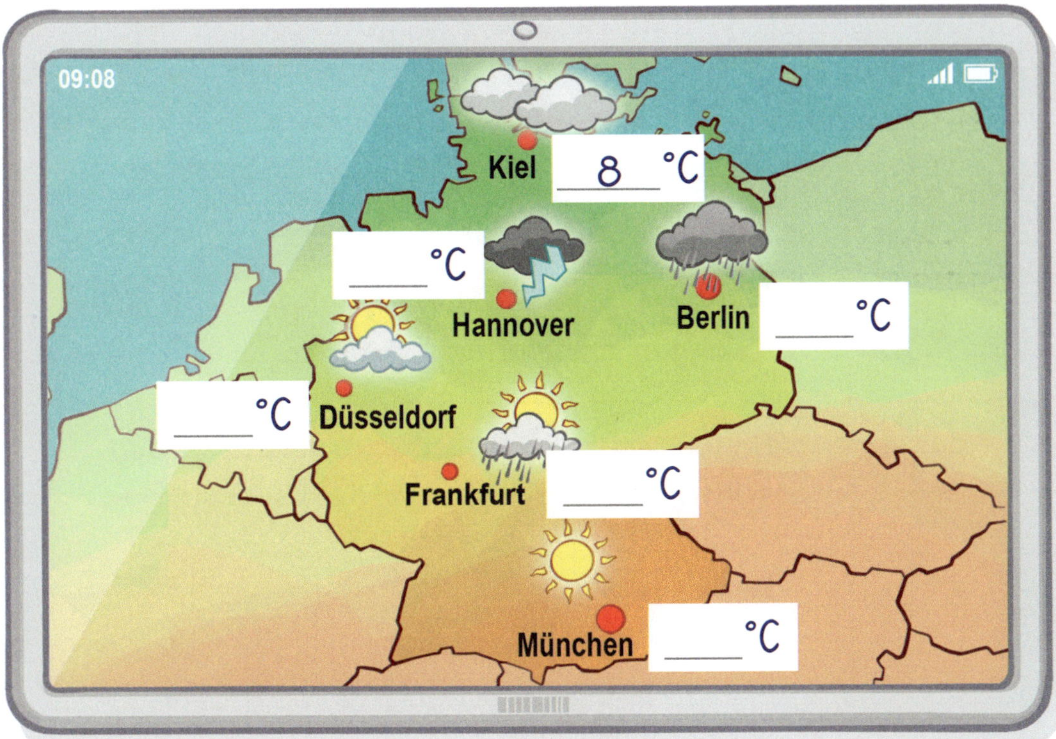

3 Was gehört zusammen?
Verbinde.

München   Berlin   Kiel   Hannover

Gebrauchstext: Suchanzeige

Schriftart Größe A

Start Einfügen

Kaninchen vermisst! **Neustadt, 25. Juni**

Wer hat Hoppel gesehen?
Unser Kaninchen Hoppel ist weg.

Hoppel ist am 27. Juni abends verschwunden.
Wir wohnen in Neustadt in der Lupenstraße.

Hoppel ist 8 Jahre alt.

So sieht er aus:

- braunes Fell
- lange Schlappohren
- vorne eine weiße Pfote
- am Bauch einen schwarzen Fleck

Bitte rufen Sie an,
wenn Sie Hoppel finden:
Telefon: 0531-3496...

1 Wie sieht das Kaninchen aus? Unterstreiche.

Gebrauchstext: Suchanzeige

2 Welches Kaninchen wird vermisst? Kreuze an.

☐  ☐  ☐ 

3 Beantworte die Fragen. Kreuze an.

Wie heißt das Kaninchen?

☐ Schlappi ☐ Hoppel ☐ Hubert

Wann ist das Kaninchen verschwunden?

☐ morgens ☐ mittags ☐ abends

In welcher Straße ist das Kaninchen weggelaufen?

☐ in der Hasenstraße
☐ in der Lupenstraße
☐ in der Heustraße

Wie alt ist das Kaninchen?

☐ 2 Jahre ☐ 8 Jahre ☐ 7 Monate

› Text und Bild aufeinander beziehen
› Fragen zum Text beantworten

Die Geheimschrift

Umut und Lulu haben ein kleines Kästchen gefunden.
Darin liegen zwei Zettel.

A	D	E	F	G	H	I	L
○	↑	—	∴	⊥	↓	+	→

M	N	O	R	S	T	U	W
⧺	∧	←	♡	×	÷	⇕	⊕

↓ ○ → → ←   ← → ⊥ ○

H A _ _ _   _ _ _ _,

⊕ + ♡   ÷ ♡ — ∴ ∴ — ∧

_ _ _   _ _ _ _ _ _ _

⇕ ∧ ×   ⧺ ← ♡ ⊥ — ∧

_ _ _   _ _ _ _ _ _

⇕ ⧺   ↑ ♡ — +   ○ ⧺   × — —

_ _   _ _ _ _   _ _   _ _ _.

↑ — + ∧ —   ⧺ ○ ♡ ÷ ○

_ _ _ _ _   _ _ _ _ _

1 Finde heraus, was auf dem Zettel steht.
Trage die richtigen Buchstaben ein.

Sprachspiel: Geheimschrift

2 Beantworte die Fragen. Kreuze an.

Für wen ist die Nachricht?

☐ für Martin ☐ für Olga

Wo treffen sie sich?

☐ am Baumhaus ☐ am See

Wann treffen sie sich?

☐ um drei Uhr ☐ um zwei Uhr

3 Schreibe in Geheimschrift.

ELSA

UMUT

› Fragen zum Text beantworten
› System der Geheimschrift selbst anwenden

Detektivwissen überprüfen

Die Polizei bittet um Hinweise.

GESUCHT!

In Neustadt sucht die Polizei einen Mann.
Er hat Geld aus einem Geschäft gestohlen.

Der Täter wurde gesehen und so beschrieben:
Er ist etwa 1,80 Meter groß und dünn.
Der Mann hat eine blaue Hose und eine graue Jacke an.
Seine Turnschuhe sind schwarz.
Seine Haare sind blond.
Er trägt eine Brille.
Der Mann ist ungefähr 30 Jahre alt.

1 Wer ist der Dieb? Kreuze an.

› Textinhalt und Bilder aufeinander beziehen
› den eigenen Lernstand einschätzen

Spurensicherung: Der 5. Hinweis!

Im Bistro angekommen, erzählen sich die Kinder von ihren Entdeckungen.
Umut schnippt mit den Fingern und berichtet:
„Wir haben auf der Treppe etwas gefunden!"
„Ein Wollknäuel", erklärt Elsa und hält es hoch.
Ein langer, grüner Faden schaut heraus.
Paul und Lulu hatten auch Erfolg. Paul erzählt:
„Wir haben ein Büschel schwarzes Fell entdeckt."
„Von wem das wohl ist?", rätselt Umut.
Lulu kichert: „Von einem Gespenst eher nicht, oder?"
Plötzlich scheppert es in der kleinen Küche neben dem Bistro.
Lulu, Umut, Paul und Elsa zucken zusammen.
„Hallo?", ruft Elsa mutig. „Ist da jemand?"
Sie lauschen gespannt, aber niemand antwortet.
Dann schauen sie vorsichtig in die Küche.

? Immer 4 gleiche Dinge liegen auf dem Tisch.
Welches fehlt?

☐ ein Becher

5a
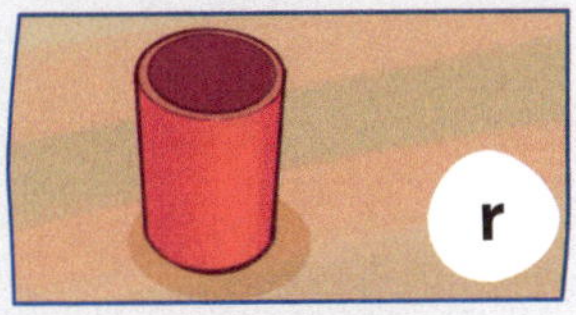

☐ ein Löffel

5b
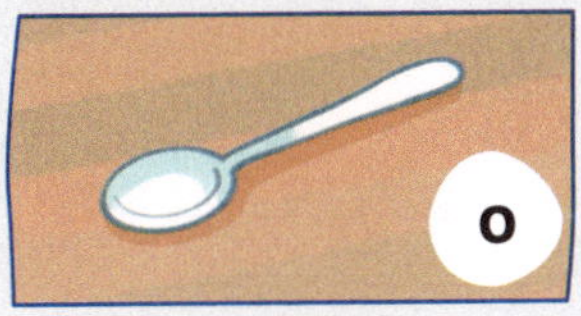

Im Zauberland

Im Zauberland findet am Abend
ein großes Konzert statt.
Viele Fabelwesen kommen zusammen
und spielen wunderschöne Musik.

Die Drachen sorgen
mit ihrem Feuer für Licht.
Die Einhörner trommeln
mit ihren Hufen.
Die Zwerge spielen
auf glänzenden Trompeten.

Die Elfen und Feen zupfen Harfen.
Die Nixen und Zauberer
singen zusammen in einem Chor.

Am Ende steht der alte Riese auf
und schlägt auf einen großen Gong.

1 Welche Instrumente werden im Text genannt?
Kreuze an.

☒ Trompeten	☐ Rasseln	☐ Flöten
☐ Geigen	☐ Harfen	☐ Gong

› Einzelinformationen in einem Text finden

Erzähltext

2 Unterstreiche im Text diese Fabelwesen:

Elfen

Drachen

Feen

Einhörner

Nixen

Zauberer

Riese

Zwerge

3 Beantworte die Fragen.
Trage die Antworten in das Gitterrätsel ein.

1 Wer singt zusammen mit den Zauberern?

2 Was findet heute im Zauberland statt?

3 Wofür sorgen die Drachen mit ihrem Feuer?

4 Wer schlägt am Ende auf einen Gong?

Die gelben Felder ergeben ein Lösungswort.

				1	N					
			2	K						
3	L									
		4	R							

1	2	3	4

Glühwürmchen – unsere Feen

Glühwürmchen sind Insekten. Sie legen Eier. Aus einem Ei schlüpft eine Larve. Nach etwa drei Jahren verändert sich die Larve. Sie wird zu einer Puppe. Aus der Puppe schlüpft dann ein neues Glühwürmchen.

Früher wussten die Menschen nicht, dass es Glühwürmchen gibt. Sie sahen Lichter im Wald und dachten, es wären Feen. Dabei waren es nur die leuchtenden Glühwürmchen.

1 Welche Aussagen stimmen? Kreuze an.

	👍	👎
Glühwürmchen sind Insekten.	☐	☐
Glühwürmchen legen Eier.	☐	☐
Nach zehn Stunden verändert sich die Larve.	☐	☐
Die Menschen sahen Zwerge im Wald.	☐	☐

› Aussagen zu einem Text überprüfen

2 Welche Sätze stehen genau so im Text? Kreuze an.

- ☐ Aus einem Ei schlüpft ein Löwe.
- ☐ Aus einem Ei schlüpft eine Larve.

- ☐ Aus der Puppe schlüpft dann ein neues Glühwürmchen.
- ☐ Aus der Puppe schlüpft dann ein neues Glühlämpchen.

3 Ordne die Begriffe richtig zu. Verbinde.

1 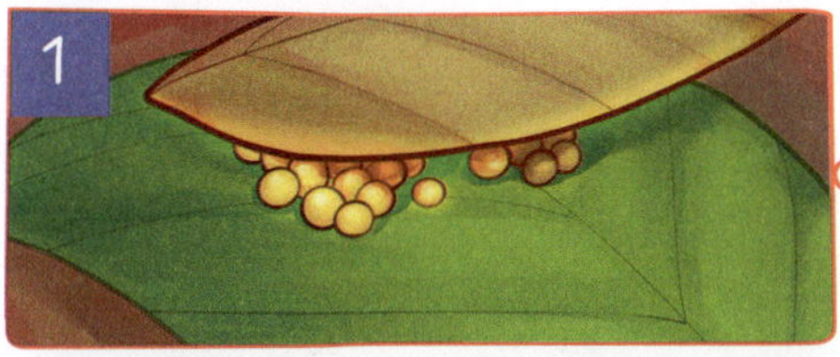 ○ ○ Larve

2  ○ ○ Eier

3  ○ ○ Glühwürmchen

4  ○ ○ Puppe

› Textstellen finden
› Wörter und Bilder aufeinander beziehen

Die Zauberblume

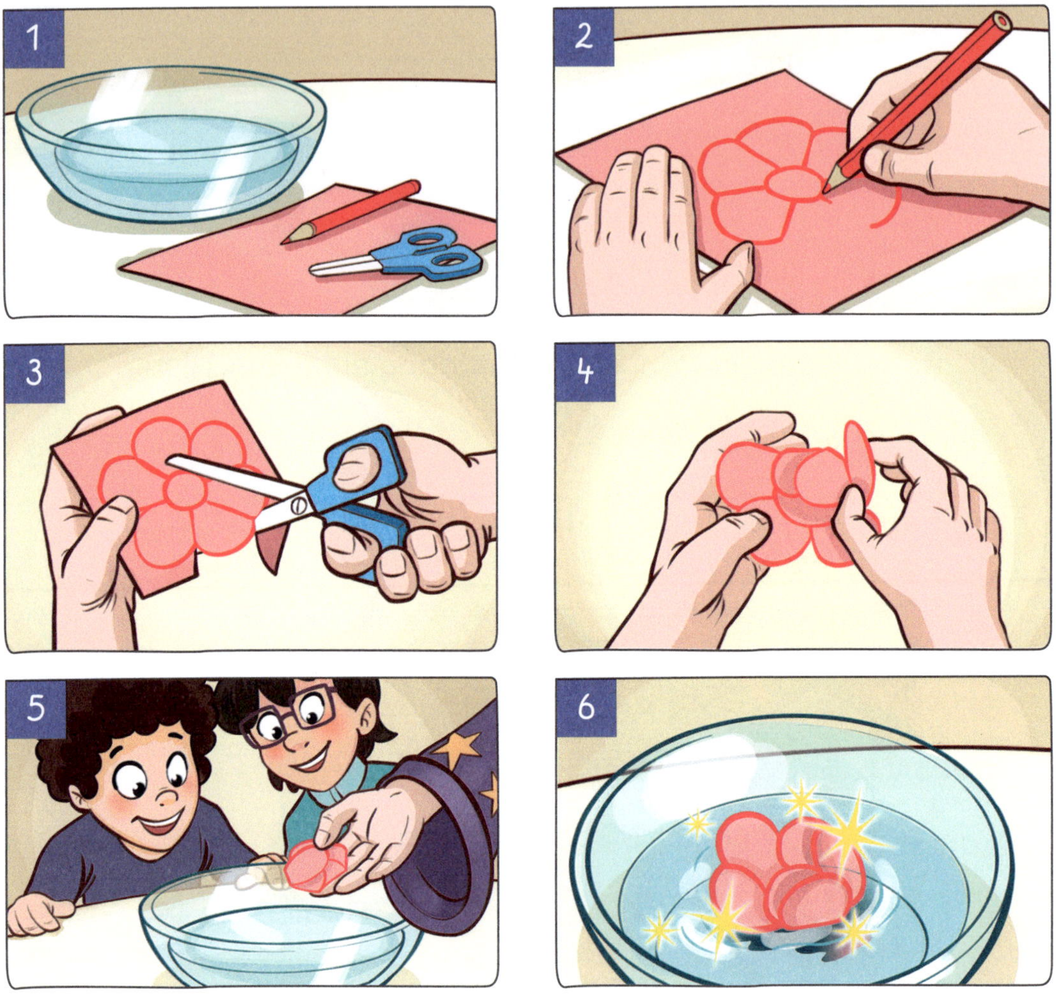

1 Beantworte die Fragen. Kreuze an.

Was zeigt die Bilderfolge?

☐ einen Zauberwürfel ☐ einen Zaubertrick

Was öffnet sich im Wasser?

☐ eine Blume aus Glas ☐ eine Blume aus Papier

Gebrauchstext: Anleitung

2 Bringe die Texte in die richtige Reihenfolge.
Trage die Zahlen 1 bis 6 ein.

- ( ) Ich male eine Blume.
- ( ) Ich falte die Blütenblätter nach innen.
- ( ) Ich schneide die Blume aus.
- ( ) Ich spreche einen Zauberspruch.
  Die Blume öffnet sich.
- (1) Ich lege alle Sachen bereit.
- ( ) Ich lege die Blume in das Wasser.

3 Welcher Zauberspruch passt zum Zaubertrick?
Male den passenden Spruch gelb an.

Kleine Blume,
hör auf mich, öffne dich.

Kleine Blume,
hör auf mich, schließe dich.

› eine Zaubertrick-Anleitung nachvollziehen
› Textabschnitte in die richtige Reihenfolge bringen
› Aussagen zum Text überprüfen

Sprachspiel: Gedicht

1 Lies das Gedicht Strophe für Strophe.

Meine Träume

In der Nacht, da träume ich,
auf viele Träume freu ich mich. A

Im Traum kann ich so viel erleben,
als Astronaut im Weltall schweben. B

Ich kann im Schlamm sein mit den Waden
und, wenn ich will, auch darin baden. C

Manchmal muss ich mich fast gruseln,
wenn kleine Geister um mich wuseln. D

Die Abschnitte eines Gedichtes heißen Strophen.

2 Verbinde die Strophen A, B und C mit den passenden Bildern.

3 Welches Bild passt zur letzten Strophe? Kreuze an.

☐ 

☐ 

› Textinhalt und Bilder aufeinander beziehen
› Fachbegriff „Strophe" kennen

Sprachspiel: Gedicht

4 Unterstreiche die Reimwörter im Gedicht auf Seite 58.

5 Ergänze die passenden Reimwörter.
Schreibe.

ich: ____________ erleben: ____________

Waden: ____________ gruseln: ____________

6 In welcher Strophe findest du die Wörter?
Trage die Buchstaben A, B, C oder D ein.

	Strophe
Nacht	A
Weltall	

	Strophe
Geister	
Schlamm	

7 Von welchem Beruf hat das Kind geträumt?
Male die passende Sprechblase gelb an.

Detektivwissen überprüfen

Wenn ich groß bin ...

Wenn ich groß bin, pflege ich Tiere,
Löwen, Bären vielleicht auch Stiere.

Ich sehe Küken zu, wie sie schlüpfen,
und wie Kängurus auf Wiesen hüpfen.

Ich putze Käfige und Ställe,
schneide Krallen und kämme Felle.

Ich weiß, was alle Tiere gerne essen,
kümmere mich jeden Tag um ihr Fressen.

Ich kann den Leuten Antworten geben,
wenn sie mich fragen, wie die Tiere so leben.

1 Unterstreiche die Reimwörter im Gedicht.

2 Ergänze die passenden Reimwörter.
Schreibe.

Tiere: ______________ schlüpfen: ______________

Ställe: ______________ geben: ______________

› Reimwörter in einem Text markieren und zuordnen
› den eigenen Lernstand einschätzen

Spurensicherung: Der 6. Hinweis!

Umut robbt unter den Tisch und hebt den Löffel auf.
„Hab ihn!“, ruft er.
Paul zeigt auf eine weiße Pfütze am Boden und staunt:
„Da hat jemand eine Milchtüte umgestoßen.“
„Können Gespenster so was?“, überlegt Lulu.
„Ich glaube nicht“, sagt Elsa. Da klappert es schon wieder.
Kam das Geräusch aus dem Bistro?
Oder von der Tür hinter dem Regal?
Die Freunde sind sich nicht sicher.
Elsa rüttelt an der Tür und schimpft:
„Mist, die ist abgeschlossen! Was machen wir jetzt?“
Lulu beruhigt Elsa und sagt: „Ganz einfach.
Wir benutzen einen der Schlüssel, die hier hängen.“

? Welcher Schlüssel passt in das Schloss?
Schau genau.

☐ der runde Schlüssel ☐ der eckige Schlüssel

6a

6b

Die Fallakte: Spuk in der Bücherei

In die weißen Felder kommen deine Hinweis-Sticker.

Hinweis 1

1

Hinweis 2

2

Hinweis 3

3

Hinweis 4

4

Hinweis 5

5

Hinweis 6

6

Jetzt fehlt dir nur noch ein PASSWORT.
Trage aus jedem Sticker den Buchstaben
in das passende Kästchen ein.

Der Bücherei-Geist heißt:

1	2	3	4	5	6

Glückwunsch!
Gemeinsam mit TEAM LUPE hast du den Fall gelöst.
Das Wort ist dein PASSWORT für:
www.passwort-lupe.de/spuk

ACHTUNG: DAS ENDE DES FALLS ACHTUNG: DAS ENDE DES FALLS

Elsa schließt die Tür auf und stellt enttäuscht fest:
„Das ist nur eine Abstellkammer!“
Sie starren auf den Putzeimer und den Besen.
Plötzlich klappert es schon wieder.
„Schnell, in den Flur!“, ruft Lulu. Die Kinder rennen los.
Da sehen sie Pfotenabdrücke auf dem Boden.
Paul grinst und sagt: „Jetzt weiß ich, wer das Gespenst ist.“
Durch einen Türspalt kommt der Bücherei-Kater hereinspaziert.

FALL GELÖST!

RECHTE UND IMPRESSUM

Druck A³ / Jahr 2025
Alle Drucke der Serie A sind im Unterricht parallel verwendbar.

Redaktion: Lisa Prückler
Krimigeschichte: Henriette Wich
Illustrationen: Michael Stapper, Matthias Berghahn, Cesare Asaro, Zapf, Iris Blanck
Umschlaggestaltung: Stephanie Schober, mit Illustrationen von Michael Stapper
Layout: PER Medien, Braunschweig
Druck und Bindung: Westermann Druck GmbH, Georg-Westermann-Allee 66, 38104 Braunschweig

ISBN 978-3-14-**141459**-2